VERS

L'ÉDUCATION NOUVELLE

VERS

L'ÉDUCATION NOUVELLE

PAR

L. MODESTE LEROY

Député

Vice-Président du Conseil supérieur de l'Enseignement technique

> Une éducation vraiment nationale doit favoriser le développement de toutes les forces actives.
>
> C. HIPPEAU.

Avec une préface de M. Paul JACQUEMART

Inspecteur général honoraire de l'Enseignement technique

PARIS

HENRY PAULIN et Cie, ÉDITEURS

21, RUE HAUTEFEUILLE (VIe)

1906

PRÉFACE

Nous n'avons pas besoin de présenter au lecteur l'auteur de cet ouvrage; son nom est familier aux éducateurs; dès 1886, M. Modeste Leroy s'était fait connaître en exposant, dans un très intéressant travail, les changements qu'il estimait devoir être apportés à notre éducation nationale [1]; depuis 1893, comme membre de la Chambre des députés, il intervint activement à la tribune dans tous les débats relatifs à ce sujet; et ce sont ses discours, complétés par divers Rapports et Conférences, qu'il a eu l'heureuse idée de réunir ici.

Le titre adopté par l'auteur marque bien la préoccupation dominante. Il faut, selon lui, non seulement achever l'appropriation commencée des programmes d'études aux besoins de notre

1. *La Réforme de l'enseignement secondaire*, par L.-M. Leroy, docteur en droit. Librairie Cotillon, 24, rue Soufflot.

temps, mais encore et avant tout modifier les dispositions normales de notre jeunesse qu'une tendance atavique porte à préférer le fonctionnarisme et quelques professions toujours encombrées aux multiples carrières qui sollicitent l'activité moderne : de là tant de déceptions individuelles et un grand dommage pour le pays. Notre système d'enseignement public est-il organisé de manière à éviter cette déperdition de nos forces vives ? Notre enseignement secondaire en particulier, en dépit des divers remaniements qu'on lui a fait subir (le dernier à la suite de l'enquête parlementaire de 1899), ne garde-t-il pas encore des restes nuisibles de son vice original, tant de fois signalé ?

La réponse ne saurait être douteuse, et tout lecteur quelque peu au courant des choses de l'enseignement, lorsqu'il aura tourné le dernier feuillet de cet ouvrage, la formulera de lui-même ; c'est bien d'une nouvelle réforme qu'il s'agit, d'une réforme profonde autant que nécessaire, et dont le plan apparaîtra finalement aussi simple que pratique.

En parcourant les bonnes feuilles du présent volume, nous nous sentions ramené par la pensée, en la société de l'auteur, à seize ou dix-sept années en arrière, à l'époque déjà lointaine 1890-1891. Alors, comme aujourd'hui, notre enseignement secondaire se divisait en deux branches parallèles. Cette organisation avait le grave inconvénient de rompre mal à propos, par une dualité fâcheuse, l'unité d'un système d'éducation publique qui, comme on l'a dit, doit rester ouvert à tous dans un pays où les citoyens ont le droit d'aspirer à tout; on annonçait bien, il est vrai, des modifications, mais les projets connus, au lieu de marquer un progrès, apparaissaient plutôt comme une aggravation nouvelle. C'est alors que fut formée, sous la présidence de M. G. Berger, député de la Seine, avec le concours d'un grand nombre d'universitaires éminents, de négociants, d'industriels, d'économistes, de financiers distingués, l'*Association nationale pour la réforme de l'enseignement secondaire*. M. Modeste Leroy et l'auteur de ces lignes figuraient parmi les membres de l'Association; on avait fait au second l'honneur de le désigner comme un des vice-présidents; quant à M. Modeste Leroy, que la politique n'avait pas encore attiré dans sa sphère, il remplissait les fonctions de secrétaire de la rédaction du *Bulletin*.

Notre entreprise avait pour objet de travailler à mettre l'enseignement secondaire en accord avec les exigences de la société moderne. Pour atteindre ce but, au dualisme regrettable alors en vigueur, nous demandions qu'on substituât une organisation nouvelle, établie sur les bases suivantes :

I. — De prime abord, dans un premier cycle d'enseignement, suite naturelle et logique des études primaires, et d'après des programmes comparables à ceux de l'enseignement si injustement qualifié de spécial, on aurait donné indistinctement à tous une culture générale destinée tout ensemble à développer les facultés, à en assurer l'équilibre et à jeter les premières assises du savoir qui convient au citoyen moderne : l'instruction morale et civique, la langue et la littérature françaises, l'histoire et la géographie, les premiers éléments des sciences, l'étude pratique d'au moins une des grandes langues modernes : l'anglais, l'allemand, l'espagnol, l'italien.

Pas de grec. Pas de latin.

II. — A cette culture générale seraient venus se superposer des enseignements spéciaux (et cette qualification aurait alors été exacte) entre lesquels les élèves se seraient répartis en raison de leurs visées et de leurs aptitudes précédemment reconnues; et, parmi ces enseignements spéciaux, celui des langues anciennes, qui auraient eu chance, cette fois, d'être sérieusement apprises.

Ainsi eût été constitué un enseignement secondaire à deux degrés : l'enseignement secondaire proprement dit, uniforme pour tous, et l'enseignement secondaire supérieur, diversifié suivant les besoins.

Il est aisé d'apercevoir les avantages de ce nouveau régime d'études.

Il permettait la sélection intelligente des aptitudes, car il est impossible que les familles puissent, en connaissance de cause, pour des enfants âgés de onze ans à peine, choisir entre deux éducations foncièrement divergentes.

Aux élèves des lycées et collèges qui, pour une cause quelconque, auraient dû abandonner les études secondaires, il ouvrait, à la fin du premier cycle, une porte de sortie; et ces jeunes gens se seraient trouvés, vers l'âge de quatorze ou quinze ans, tout préparés soit à aborder directement les affaires dans les carrières agricoles, industrielles ou commerciales, auxquelles l'état de leur instruction dans l'ancien système les rendait entièrement impropres, soit à continuer leurs études dans des écoles préparatoires à ces carrières.

Par sa souplesse, cette organisation se prêtait à des combinaisons multiples; dans beaucoup d'établissements, on se serait contenté de l'instruction générale du premier degré; dans les lycées et dans les collèges de plein exercice, l'enseignement secondaire supérieur se serait ramifié, selon l'occurrence, en plusieurs branches préparatoires aux Facultés, aux grandes Écoles supérieures littéraires ou scientifiques, aux Écoles supérieures d'agriculture, de commerce, ou d'industrie.

En cessant d'attirer vers les études purement classiques un grand nombre de jeunes gens dépourvus des goûts et des aptitudes nécessaires pour y réussir, il contribuait à fortifier ces études, en éliminant les non-valeurs.

Enfin, chose essentielle, tout en répondant à la variété des aptitudes et à la diversité des travaux et des professions, il sauvegardait, par la communauté de l'éducation, l'unité de la société française.

Telle était la solution préconisée dès 1890

par l'*Association nationale pour la réforme de l'enseignement secondaire*, solution que défendaient avec elle après Stuart Mill, Mathew Arnold, Herbert Spencer, en Angleterre, après Dubois Reymond en Allemagne, après Hippeau et Ferneuil en France, non seulement les plus hautes notabilités agricoles, industrielles, commerciales, financières, mais aussi des universitaires distingués entre tous, comme MM. P. Foncin, G. Morel, E. Zévort, E. Dupuy, J. Gautier, H. Salomé, E. Petit, Izoulet, Mention, G. Maneuvrier, G. Lamy, ou d'anciens et futurs ministres de l'Instruction publique comme MM. Goblet, Poincaré, Combes[1].

L'*Association nationale* ne réclamait pas le bouleversement de l'état de choses existant; ses ambitions étaient plus modestes. Convaincue d'avance que les résultats seraient venus confirmer des inductions tirées à la fois de la logique et de la nature des choses, elle

1. Il convient d'ajouter qu'avant même les élections pour le Conseil supérieur réorganisé par J. Ferry (1880), l'idée d'une réforme rationnelle de l'enseignement secondaire était venue à un certain nombre d'universitaires, parmi lesquels ceux que nous citons. Les programmes de 1880-1881 n'ont été présentés ou acceptés par eux que comme étant, à ce moment, les seuls susceptibles de réunir une majorité libérale.

demandait seulement que, parmi les expériences qu'on se disposait à tenter, on fît en première ligne l'essai loyal de l'organisation proposée par elle.

Malheureusement notre jeune et vraiment audacieuse société ne sut point trouver grâce devant l'administration universitaire; celle-ci ne put voir sans déplaisir quelques-uns de ses plus clairvoyants, de ses plus dévoués collaborateurs lui tracer ainsi la route à suivre. Elle le leur fit clairement entendre. Et la société naissante, ainsi privée de ses principaux appuis, voyait dès lors ses jours comptés. Son existence éphémère ne demeura cependant point stérile, car plusieurs des idées qu'elle avait mises en avant furent retenues et appliquées, de plus ou moins heureuse façon, dans les projets de réforme qui, par la suite, ont successivement prévalu. Elle avait eu le temps, avant de disparaître, de dénoncer le projet qui devait être mis en pratique en 1891, et dont la seule annonce avait hâté son entrée en scène.

Cette prétendue réforme consista à édifier, sur les ruines de l'ancien enseignement spécial, un dualisme d'un nouveau genre, moins recommandable encore que le premier. L'Association nationale en signala les inconvénients et les dangers[1]. Ce faisant, elle ne fut, hélas! que trop bon prophète : huit années, en effet, ne s'étaient pas écoulées que la Chambre des députés, émue de l'inquiétude générale provoquée par des causes diverses, mais particulièrement par la rivalité de deux enseignements dont l'un ne pouvait prospérer qu'au détriment de l'autre, ordonnait à sa Commission de l'Enseignement, en 1899, de procéder à une enquête approfondie sur la situation de l'enseignement secondaire en France. C'est à la suite de cette enquête, si magistralement conduite par son éminent président, M. A. Ribot, que fut établi, en 1902, le régime sous lequel nous vivons. Nous en rappellerons en quelques mots l'économie.

Notre enseignement secondaire se compose de deux cycles, le cycle élémentaire et le cycle supérieur. Le premier cycle, d'une durée de quatre années, est lui-même partagé en deux grandes branches, A et B ; la branche A, divi-

1. *Le Projet d'enseignement secondaire classique français.* Lettre à MM. les membres du Conseil supérieur de l'Instruction publique, par un groupe de professeurs de l'enseignement classique et de l'enseignement spécial. Imprimerie E. Caplomont et Cie, 6, rue des Poitevins, Paris, 1891.

sée à son tour en deux sections, reçoit les élèves désireux de se livrer à l'étude des langues anciennes, à l'étude du latin et du grec dans la première section, à celle du latin sans grec dans la seconde. Dans la branche B entrent les jeunes gens n'apprenant aucune langue morte.

Le cycle supérieur de l'enseignement secondaire comprend à son tour quatre sections, dites sections A, B, C, D. Les élèves de la branche A du premier cycle voient s'ouvrir devant eux, à leur choix, soit la section A du deuxième cycle (latin-grec), soit la section B (latin-langues vivantes), soit la section C (latin-sciences). Quant aux élèves de la branche élémentaire B, sans langues anciennes, ils n'ont d'autre ressource que de s'engager dans la section D du cycle supérieur (sciences-langues vivantes).

Comme sanction des études, pour chacune des quatre sections finales, un baccalauréat est institué ; il existe donc quatre baccalauréats, dont trois classiques ; les quatre diplômes confèrent à ceux qui en sont pourvus, au point de vue des divers concours ultérieurs, les mêmes avantages.

En la regardant de près, on s'aperçoit que la

réforme de 1902 existe surtout en apparence. Le nouveau plan d'études ne diffère guère, au fond, de celui qu'il a remplacé. L'édifice de notre enseignement secondaire demandait à être repris jusque dans ses fondations : il n'a été l'objet que d'une réparation passagère; on a seulement refait la façade et agencé provisoirement quelques couloirs intérieurs. L'examen des programmes permet de distinguer, cheminant ensemble dès le début, nos deux vieilles connaissances, d'un côté l'enseignement classique (branche A), qu'il soit ou non divisé en ses trois sections, latin-grec, latin-langues vivantes, latin-sciences, et de l'autre, l'enseignement moderne (branche B et section supérieure D). On retombe donc dans le cas précédent. Et on retrouve dans l'organisation nouvelle tous les points faibles déjà signalés : les parents sont toujours obligés de choisir prématurément entre les deux branches parallèles A et B, la première littéraire avec une ou deux langues anciennes, l'autre scientifique sans grec ni latin; l'enseignement classique continue à attirer vers lui un trop grand nombre d'élèves dont ce n'est point la place et qui, mieux dirigés, auraient pu se livrer avec profit pour eux et pour la société à des études plus utiles; il reste à un trop haut degré l'école préparatoire aux professions dites libérales et au fonctionnarisme, cette double plaie dont notre pays de France souffre jusqu'à en être profondément anémié[1].

* * *

Aux raisons déjà anciennes invoquées en faveur de notre ancienne thèse, viennent aujourd'hui s'en ajouter d'autres non moins probantes, qui ne pouvaient être invoquées en 1890, et qu'il nous faut brièvement exposer.

On sait quels développements a pris en France depuis vingt-cinq ans, et surtout depuis l'année 1893, l'enseignement primaire supérieur; cet enseignement répond aux besoins de nombreux enfants désireux de prolonger quelque peu leurs études primaires et de se munir, sans passer par les classes payantes d'un lycée ou d'un

1. Les résultats du dernier recensement (1901) montrent que, pour les cinq années 1896-1901, le nombre des agriculteurs français a diminué de 250.000, soit de 50.000 par an; pendant cette même période, le nombre des fonctionnaires émargeant aux budgets de l'État, des départements ou des communes a augmenté de 82.000, c'est-à-dire de 16.400 par an.

Ces chiffres effrayants se passent de tout commentaire.

collège, d'une certaine instruction théorique et pratique supplémentaire.

Au cours de ces dernières années, plusieurs rapporteurs du budget de l'Instruction publique ont successivement proposé aux Chambres d'établir des communications plus faciles entre l'enseignement primaire supérieur et les classes les plus élevées de l'enseignement moderne.

La même idée est exprimée dans les délibérations de plusieurs Conseils généraux reproduites dans les documents de l'enquête parlementaire.

M. O. Gréard était de cet avis. « Faisons tomber, a-t-il dit dans sa déposition, les barrières qui séparent l'enseignement primaire supérieur de l'enseignement moderne[1]. »

S'avançant plus loin dans cette voie, M. le député Massé, dans son rapport de 1905 sur le budget de l'Instruction publique, après avoir déclaré « qu'il est impossible de n'être pas très frappé de l'équivalence approximative des études dans les classes du premier cycle des lycées, section B, et dans les classes de l'enseignement primaire supérieur[2] », n'hésite pas à

1. *Enquête parlementaire de* 1899, t. I, p. 8.
2. Budget du Ministère de l'Instruction publique, année 1905. Rapport de M. Massé.

conclure à la gratuité des études dans le premier cycle de l'enseignement secondaire et à son rapprochement avec le primaire par la suppression des Écoles normales primaires et la formation des maîtres primaires dans les lycées.

Plus récemment encore, M. Modeste Leroy constatait à la tribune de la Chambre combien « sont nombreux les hommes de compétence reconnue en matière d'instruction, qui pensent que les écoles primaires supérieures, telles qu'elles sont organisées, font dès maintenant et feront de plus en plus, si l'on n'y avise, double emploi avec le premier cycle de l'enseignement des lycées ou collèges section B[1] ». Si l'on compare, en effet, les programmes du premier cycle B des lycées et collèges et ceux des écoles primaires supérieures, on les trouve à peu près identiques; le double emploi signalé par M. Modeste Leroy est donc bien réel; il doit prendre fin. La vérité est qu'au-dessus de l'enseignement primaire élémentaire, il n'y a réellement place que pour deux autres enseignements primaires : d'une part, à l'intention de cette partie de la classe ouvrière et même

1. *La Question des écoles primaires supérieures*, Discours à la Chambre des députés, séance du 13 février 1906.

bourgeoise, dont les enfants ont besoin de gagner leur vie sans retard, soit dans l'agriculture, soit dans le commerce, soit dans l'industrie, un enseignement technique théorique et pratique en rapport avec leur futur métier; d'autre part, pour ceux qui, plus ambitieux ou moins pressés, peuvent attendre quelque temps avant de choisir leur voie, un enseignement général préparatoire plus ou moins prolongé. Dès lors, le partage des écoles primaires supérieures entre le premier cycle de l'enseignement secondaire et l'enseignement technique apparaît comme la seule solution rationnelle et pratique; nouvelle et décisive raison pour exclure les langues anciennes des programmes du premier cycle secondaire.

Le moment semble donc décidément venu d'adopter enfin les conclusions de l'*Association nationale pour la réforme de l'enseignement secondaire.*

Mais le succès, cette fois, ne serait plus seulement infiniment probable, comme il y a quinze ans; il serait au contraire, on peut le dire d'avance, assuré. Car cette expérience, que l'Association nationale avait inutilement réclamée, se poursuit depuis près de quinze années en Allemagne, où elle prit naissance dès 1892, suivant ainsi de près notre vain appel de 1890. C'est à Francfort-sur-le-Mein qu'elle fut instituée tout d'abord, dans trois établissements d'instruction, grâce à l'initiative de deux pédagogues éminents, MM. Reinhardt et Walter, auxquels nous tenons à rendre ici un hommage mérité[1]. Dans ces écoles, dites *écoles réformistes*, pendant les premières années, tous les élèves suivent les mêmes cours; la séparation entre les enfants se destinant aux gymnases (qui représentent notre culture classique), aux écoles réales supérieures (qui correspondent à notre ancien enseignement spécial), ou aux realgymnases (intermédiaires entre les deux autres), n'est effectuée que plus tard, vers l'âge de treize ans environ.

La base commune de l'enseignement comprend la religion, la langue allemande, la langue française, l'histoire et la géographie, le calcul, les sciences physiques et naturelles,

1. *Les Écoles réformistes en Allemagne*, par M. H. Bornecque, professeur à la Faculté des lettres de Lille (*Revue Internationale de l'Enseignement*, numéro de septembre 1902).
Depuis 1896, certains pays du Nord, la Suède, la Norvège, le Danemark, ont adopté des plans d'études se rapprochant de celui de Francfort-sur-le-Mein.

l'écriture, le dessin. Au début de la quatrième année seulement (*Untertertia*), le latin est abordé par les futurs élèves des gymnases et des realgymnases, tandis que l'anglais est commencé à l'école réale supérieure. On reconnaît ici sans peine, réalisée, vivante et agissante, l'organisation proposée en 1890 par notre *Association*.

Les *écoles réformistes* se sont développées en Allemagne avec une remarquable rapidité; en 1892, elles étaient trois[1]; cinq ans après, en 1897, on en comptait vingt-quatre; en 1902, leur nombre dépassait quarante; en 1905, enfin, pour le seul royaume de Prusse, la statistique officielle en accuse cinquante et une. On trouve des écoles de réforme dans les plus grandes comme dans les plus petites villes d'Allemagne; partout où il est question d'ouvrir un établissement de ce genre, le nombre des inscriptions atteint instantanément le triple ou le quadruple des places disponibles.

Naturellement, les irréductibles partisans de l'ancien système d'éducation — il en existe

1. Le *Gœthegymnasium*, de Francfort-sur-le-Mein; la *Musterschule* et la *Wöhlerschule*, realgymnases de la même ville.

en Allemagne comme en France — multiplièrent les objections; c'était « la mort des études classiques », « l'affaiblissement du sens de l'idéal », « le commencement de la fin » ! Aussi attendait-on avec une vive impatience, dans les deux camps, le moment où il deviendrait possible de juger, sur des faits précis, les résultats obtenus. C'est en 1901 que des trois premières écoles réformistes créées en 1892 à Francfort-sur-le-Mein sortirent pour la première fois des élèves ayant suivi d'un bout à l'autre le nouveau plan d'études; et, depuis lors, tous les ans les examens de maturité subis dans les gymnases et dans les realgymnases par ces jeunes gens ont montré l'excellence du système. En 1892, M. le professeur H. Bornecque eut l'occasion d'entendre et d'interroger lui-même les élèves du Gœthegymnasium et de la Musterschule de Francfort-sur-le-Mein, et d'examiner leurs travaux écrits; il put ainsi constater que ces jeunes gens, « plus forts en français que ceux des classes correspondantes des établissements ordinaires, arrivaient dans la dernière classe à posséder aussi bien le grec et le latin ». « Cela n'a rien d'étonnant », fait remarquer M. H. Bornecque, « car ils abordent l'étude des langues anciennes à un âge plus avancé, où leur esprit est plus mûr, et où la comparaison des langues vivantes qu'ils ont étudiées les aide à mieux retenir les formes qu'ils apprennent ».

On peut en croire sur parole un latiniste aussi distingué.

*
* *

Une troisième série de considérations, se rattachant aux deux premières, mais d'ordre plus étroitement économique, vient enfin militer en faveur de la réforme, dans le sens indiqué, de notre éducation nationale.

En janvier 1902, en communiquant au Président de la Commission d'enseignement de la Chambre des députés ses propositions concernant la réforme projetée de l'enseignement secondaire, M. G. Leygues, Ministre de l'Instruction publique, écrivait ce qui suit :

« Aujourd'hui, le problème de l'enseigne-
« ment est double.

« Nous devons, dans l'intérêt de la collecti-
« vité, du monde du travail, du prolétariat
« lui-même, préparer une élite éclairée et

« libérale, une aristocratie d'esprit qui, s'élevant
« au-dessus du réalisme utilitaire, se voue aux
« recherches désintéressées, aux hautes spécula-
« tions et sauvegarde les intérêts permanents
« du pays.

« Nous devons, d'autre part, constituer forte-
« ment l'armée du travail, lui donner un état-
« major et des cadres. »

On ne saurait mieux dire.

Oui, nous devons constituer fortement notre armée du travail, car cette seconde partie du problème si nettement posé n'est encore que très imparfaitement résolue.

Notre siècle est par excellence celui de l'industrie, du commerce, de l'agriculture « qui sont devenus », faisait observer M. le Ministre de l'Instruction publique, « les facteurs les plus puissants de la prospérité nationale ». Il a vu et verra de plus en plus s'accentuer la lutte des peuples sur le terrain économique ; tous les jours les nations rivales perfectionnent leur outillage, augmentent leur production, et jettent sur le marché des articles dont nous avions autrefois presque le monopole ; dans l'ancien monde comme dans le nouveau, des peuples jeunes, ardents, entreprenants entrent en lice à leur tour et organisent la concurrence ; la victoire appartiendra aux plus actifs, aux mieux armés, surtout aux mieux instruits, car nos concurrents les plus redoutables, l'Angleterre, l'Allemagne, la Belgique, les États-Unis, sont précisément ceux chez lesquels, au cours de ces vingt dernières années, l'enseignement technique a été le plus largement développé [1].

Cette simple remarque démontre l'urgente nécessité de donner à notre enseignement technique, agricole, industriel et commercial toute l'ampleur désirable.

Cette nécessité s'impose d'autant plus que le nombre des jeunes Français s'adonnant aux études techniques est loin d'être en rapport avec le chiffre de la population professionnelle active du pays. Il résulte du dernier recensement que cette population représente à peu près exactement la moitié de la population totale du pays : 18.000.000 sur 38.000.000 d'habitants. Or, tandis que près de 200.000 élèves se

1. Depuis l'année 1891, le commerce extérieur de la France s'est accru de 30 0/0. Mais, dans la même période, l'augmentation correspondante a été pour l'Angleterre de 66 0/0, pour l'Allemagne de 106 0/0, pour la Belgique de 110 0/0, pour les États-Unis de 143 0/0.

pressent annuellement dans les établissements d'enseignement secondaire classique ou moderne, lycées, collèges, écoles libres ou ecclésiastiques, veut-on savoir le nombre des jeunes gens s'adonnant aux études techniques de tout ordre, agricoles, industrielles ou commerciales? Ce nombre ne dépasse pas 25.000. C'est 12.000 de moins qu'en Belgique, où cependant la population totale n'atteint pas le sixième de la nôtre. Rapprochés et comparés, les chiffres précédents ne révèlent-ils pas une véritable anomalie, un contre-sens économique capable d'expliquer en partie le recul relatif de notre capacité productive?

Or, il est facile de montrer qu'au lieu d'entraver le développement normal de notre enseignement technique, le nouveau plan d'études que nous préférons est de nature à le favoriser grandement et à faire cesser l'état d'infériorité regrettable où il se trouve aujourd'hui.

Comme pour l'enseignement général, et pour des causes analogues, on a été amené à diviser l'enseignement technique en trois degrés : le degré primaire, le secondaire et le supérieur. En ce qui concerne les deux derniers, il est clair que la nouvelle organisation scolaire, en laissant venir librement à eux toute une série de sujets de valeur aujourd'hui entraînés à tort vers les carrières libérales et le fonctionnarisme, leur apportera une force nouvelle.

Mais c'est du côté de l'enseignement technique primaire qu'il est permis d'escompter les résultats les plus tangibles et les plus immédiats. De l'avis de tous les hommes compétents, ce qui manque le plus à nos usines, à nos comptoirs, à nos exploitations agricoles, ce sont les cadres de l'armée du travail, de bons contremaîtres, de bons commis de commerce, de bons chefs de culture; seules, les écoles techniques primaires, écoles pratiques d'industrie, de commerce ou d'agriculture sont en mesure de former ce personnel; et le jour où les écoles primaires supérieures viendraient à être partagées entre le secondaire et le technique, il saute aux yeux que la grande majorité des parents, au lieu d'opter pour les études secondaires, dirigerait ses fils vers les écoles pratiques; du coup, ces dernières verraient affluer dans leurs classes la nombreuse clientèle qui leur revient.

Il resterait à pourvoir à l'instruction professionnelle de la masse des travailleurs, des simples soldats de cette puissante armée.

La solution de cette partie du problème est donnée dans le projet de la loi préparé récemment par les soins du Conseil supérieur de l'enseignement technique, dont M. Modeste Leroy est un des vice-présidents ; elle consiste à répartir judicieusement sur toute la surface du territoire des cours professionnels de perfectionnement, où tout ouvrier de moins de dix-huit ans viendrait recevoir, de gré ou de force, les notions techniques convenant à sa spécialité. Ce côté — et non le moindre — de la question ne pouvait avoir été perdu de vue par M. Modeste Leroy ; aussi ce dernier est-il un de ceux qui, au Conseil supérieur de l'enseignement technique, se sont le plus activement associés à l'œuvre de cette assemblée[1].

*
* *

Maintenant se dessinent d'elles-mêmes les grandes lignes de notre éducation nationale réorganisée, de l'éducation qui doit tout à la fois assurer notre influence morale dans le

1. Voir ci-dessous, p. 205.

monde et sauvegarder nos intérêts matériels, de l'*Éducation nouvelle* :

I. — A la base, un tronc ou cycle unique, avec les programmes de l'enseignement primaire supérieur convenablement remaniés et complétés, suivant les nécessités locales, avec ou sans sections préparatoires aux Écoles d'agriculture, de commerce et d'industrie; ce premier cycle formant des jeunes gens susceptibles d'entrer directement dans les affaires, ou d'entreprendre des études techniques consécutives, ou de poursuivre enfin leur instruction secondaire dans les classes du second cycle.

II. — Au-dessus de ce tronc unique, plusieurs grosses branches constituant le second cycle ou enseignement secondaire supérieur, préparatoire aux Facultés, aux grandes Écoles supérieures littéraires ou scientifiques, aux Écoles supérieures techniques.

III. — Toutes les écoles primaires supérieures transformées soit en établissements secondaires auxquels on pourrait réserver le nom de collèges, soit en écoles pratiques d'agriculture, de commerce ou d'industrie[1].

1. Cette solution est soutenue avec beaucoup de clarté et de force, au nom de la *Société des amis de l'Éducation mo-*

Telle est la conception d'ensemble à laquelle obéit, sans s'en écarter un instant, dans ses discours comme dans ses écrits, M. le député Modeste Leroy; qu'il lance, en 1886, son éloquent appel aux Chambres et au pays, qu'il étudie à la tribune de la Chambre[1] ou dans un rapport au Conseil général de l'Eure[2] la réforme souhaitée de notre enseignement secondaire ou le rôle social et économique de cet enseignement, qu'il soutienne, dans une conférence documentée, que l'enseignement industriel et l'enseignement commercial doivent relever du Ministère du Commerce, de l'Industrie et du Travail[3], tous ses arguments procèdent de cette double préoccupation : assurer à notre enseignement secondaire, pendant le premier cycle, son unification fondamentale, et diriger son épanouissement ultérieur; asseoir en même temps

derne, par M. Adrien Berget, professeur au lycée Voltaire, dans une étude publiée par *l'Éducation moderne*, numéro de janvier-février 1903, étude à laquelle nous avons fait de fréquents emprunts.

1. *Discours à la Chambre des députés*, séance des 27 février 1899 et 13 février 1902.

2. *Rapport au Conseil général de l'Eure*, session d'avril 1899.

3. *Le Ministère du Commerce et l'Enseignement technique*, conférence sous le patronage de l'*Association française pour le développement de l'Enseignement technique*. Imprimerie Chaix. Paris, 1903.

notre enseignement technique agricole industriel et commercial sur les bases larges et solides qui lui ont jusqu'à présent fait défaut.

A tout lecteur attentif des pages qui vont suivre, la pensée de l'auteur apparaîtra nette et distincte dans sa continuité frappante, et les conclusions qui précèdent s'imposeront d'elles-mêmes. Il serait superflu d'ajouter que, personnellement, nous appelons de tous nos vœux la réalisation, de ces espérances, car nous les croyons sincèrement conformes aux intérêts supérieurs du pays.

La réforme de notre enseignement secondaire et le développement de notre enseignement technique sont questions liées — M. Modeste Leroy l'a montré — d'indissoluble façon ; de leur solution bonne ou mauvaise dépend à un haut degré la marche en avant ou le recul de notre situation économique et sociale ; elles constituent, on peut le dire, de véritables affaires d'État. Au cours de la prochaine législature, sous la poussée de l'opinion qui deviendra de plus en plus impérieuse, le Parlement français ne saurait se dispenser de les mettre à l'étude, sinon de les résoudre. Souhaitons que M. Modeste Leroy puisse de nouveau mettre au service de cette cause nationale la légitime autorité qu'il a su conquérir au Parlement, et qu'il parvienne à faire partager par ses futurs collègues l'ardente conviction qui l'anime.

Il nous reste à nous excuser de nous être ainsi substitué à l'auteur pour présenter son livre, et de nous être acquitté de cette tâche beaucoup moins bien qu'il ne l'eût fait lui-même. Si cette trop longue préface porte une autre signature que la sienne, c'est que M. Modeste Leroy a tenu à associer à son travail un vieux compagnon d'armes aujourd'hui écarté du champ de bataille et personnellement désintéressé, partant peu suspect de parti pris. Nous tenons à le remercier de nous avoir ainsi fourni l'occasion de défendre une fois de plus à ses côtés des idées qui nous sont chères, heureux, si nous avons réussi à attirer sur elles, ne serait-ce qu'un instant, la bienveillante attention des pouvoirs publics.

PAUL JACQUEMART,
Inspecteur général honoraire
de l'Enseignement technique.

I

VERS L'ÉDUCATION NOUVELLE

AUGMENTATION DU NOMBRE DES BOURSES
DANS LES ÉCOLES D'AGRICULTURE, DE COMMERCE ET D'INDUSTRIE

(14 FÉVRIER 1895)

Au cours de la discussion du budget de l'Instruction publique pour l'exercice 1895, M. Modeste Leroy présenta un amendement tendant à diminuer de 1.000 fr. les chapitres 43 et 46 (Remises et exemptions dans les lycées de garçons et de filles — Bourses nationales et dégrèvements), pour les reporter aux chapitres concernant les bourses dans les écoles d'agriculture et dans les écoles de commerce et d'industrie.

Voici en quels termes M. Modeste Leroy soutint cet amendement, qui ne fut repoussé, après pointage, que par 237 voix contre 230 :

M. Modeste Leroy. — Messieurs, l'amendement que j'ai l'honneur de déposer — le chiffre de 1.000 francs, d'ailleurs, le dit assez — n'est qu'un amendement d'indication, un vœu, presque le complément de celui de M. Dejean.

Je vous demande, cependant, la permission de présenter quelques observations, car je ne voudrais pas, surtout après le discours prononcé par M. de Lanjuinais, qu'il pût y avoir méprise sur la pensée qui m'a inspiré.

Le parti dont la politique a consisté à combattre toutes les lois favorables à l'éducation nationale adresse volontiers au Gouvernement de la République le reproche — qui l'honore — « d'avoir donné trop d'instruction ». L'erreur des républicains, au dire de nos adversaires, serait la cause de maux sans nombre. Entre autres résultats néfastes, elle aurait amené la désertion de la campagne, l'accroissement de la population des grandes villes et l'augmentation de leur misère.

Est-il besoin de répéter une fois de plus que l'abandon des campagnes est dû à un phénomène de l'évolution économique contre lequel, je le crois, ne peut rien la forme du Gouvernement?

M. Louis Jourdan (Lozère). — Cette évolution avait déjà commencé sous l'Empire!

M. Modeste Leroy. — Comment, d'autre part, oser prétendre, comment affirmer que, chez un peuple ou chez l'individu, il peut jamais y avoir excès d'instruction? L'homme étant un être perfectible, le devoir, comme aussi l'intérêt de la société, n'est-il pas de développer, pour les améliorer, ses dispositions naturelles, de grandir ses forces, en un mot, de les parfaire? (*Très bien! très bien!*)

Bien plus, Messieurs, l'esprit démocratique, — et les républicains ne peuvent, ne doivent vivre que de celui-là, — l'esprit démocratique n'impose-t-il pas qu'aucune personne ne soit empêchée de cultiver son intelligence?

Le reproche que l'on nous a fait est donc une atteinte à la vérité philosophique autant qu'une injustice envers le Gouvernement de la République. (*Très bien! très bien!*)

Mais la critique que l'on pourrait, je le crains, formuler contre le régime actuel est de n'avoir pas toujours donné l'instruction qui convenait, de n'avoir pas osé, sur ce point comme sur trop d'autres, rompre avec la tradition. Croyant et voulant faire le bien d'enfants du peuple en leur accordant des bourses de lycée, il a bien souvent fait leur malheur. (*C'est cela! — Très bien!*)

Il a oublié que l'enseignement classique était, à son origine, et n'était qu'un enseignement de luxe, une instruction d'aristocratie qui ne saurait convenir aux nécessités sociales de notre époque et à un état économique aussi varié dans ses exigences.

On n'a pas voulu voir que ces études ne sont pas d'une utilisation immédiate pour le jeune homme qui n'en peut tirer profit qu'à la condition de les faire suivre d'autres études : droit, médecine, sciences ou lettres, que les circonstances ou la générosité de l'État — M. Léveillé vous le montrait avant-hier pour les écoles de droit — ne lui permettront pas toujours d'entreprendre.

Je sais bien que les pères de famille, obéissant à cet atavisme d'amour-propre, je n'ose pas dire de vanité qui est en beaucoup de Français, trouveraient fort injuste, singulièrement anti-égalitaire que la bourse accordée à leur fils ne fût pas une bourse pour faire « son latin ». Mais je vous le demande, le rôle du Gouvernement et aussi le rôle d'une assemblée ne consiste-t-il pas à résister aux préjugés de leurs contemporains, surtout lorsque — et c'est le cas — de cette résistance doit sortir le bien ? (*Très bien ! très bien !*)

Or, donner moins de bourses de lycée, d'enseignement purement théorique, et au contraire plus de bourses d'enseignement commercial et agricole, plus de bourses d'enseignement industriel ou professionnel, c'est faire non l'apparence, mais la réalité du bien (*Applaudissements sur divers bancs*), c'est donner à l'enfant la connaissance complète et raisonnée d'un métier qui fait vivre, c'est lui faire aimer un travail dont il pourra tout de suite retirer une rémunération supérieure à celle qu'il aurait trouvée sans cette éducation.

C'est, en ce qui concerne le commerce, ouvrir à l'enfant des horizons nouveaux, l'aider à sortir de la routine que trop souvent encore on rencontre dans la pratique des affaires, c'est lui procurer la possibilité d'arriver aux emplois supérieurs et peut-être aussi — suivant la loi de la démocratie — à être un jour chef de maison. (*Très bien ! très bien !*)

C'est, pour l'agriculture, montrer à l'enfant que la culture de la terre est une science comme une autre, possédant ses règles inéluctables, et que celui qui saura les appliquer judicieusement verra ses bénéfices augmenter jusqu'à devenir égaux et peut-être supérieurs à ceux que produit l'industrie des grandes villes. (*Très bien ! très bien !*)

Toutefois, l'amour-propre — peut-être la vanité — n'est point la seule cause de la préférence marquée qui existe pour l'instruction classique. La façon dont, à l'heure de l'organisation officielle de l'Université, on comprit les choses de l'enseignement y a contribué beaucoup aussi

Il fallait que l'instruction de tous les enfants de France, je veux dire de tous ceux des enfants de France qui se pouvaient payer une éducation, fût coulée dans le même moule. L'étude du grec et du latin devint ainsi l'enseignement général, pouvant conduire à tout, au moins à tout ce qui comptait alors, et en particulier aux professions dites libérales, sans doute parce que, au préalable, elles s'appuyaient sur de bonnes et grosses rentes.

Mais aujourd'hui, — c'est sur ce point que j'appelle votre attention, — alors que chacun, et celui-là surtout à qui nous attribuons une bourse, a besoin de lutter pour l'existence plus que pour l'indépendance, c'est un bien maigre bagage, pour entreprendre le voyage si difficile de la vie, que la connaissance du grec et du latin.

Loin de moi la pensée de proscrire les études classiques; nul, je vous assure, n'a plus de respect que je n'en ressens pour l'esprit et le génie de l'antiquité; mais le respect n'est pas de l'idolâtrie. Je pense, d'un côté, que, dans un pays aussi épris du beau que le nôtre, les études classiques sont utiles, nécessaires. Mais j'estime, d'un autre côté, qu'au lieu d'être l'éducation générale des Français, elles devraient être l'instruction spéciale aux enfants qui en ont besoin dans la carrière qu'ils adoptent, ou à ceux qui montrent pour les langues mortes une aptitude particulière. La spécialisation, voilà encore, quels que soient les efforts tentés dans ces dernières années, ce qui manque à notre système d'éducation. (*Très bien! très bien!*)

Je ne devrais pas avoir sur cette question d'auxiliaires plus zélés que vous, Monsieur le Ministre, et vous, Monsieur le Directeur de l'enseignement secondaire, car, ne serait-ce pas rendre à l'enseignement classique un service depuis longtemps souhaité par ses vrais amis? Ce qu'il perdrait comme quantité d'élèves, il le gagnerait par la qualité.

La République a bien essayé d'arracher à l'enseignement classique son énorme et encombrante clientèle ; elle a transformé l'enseignement spécial de M. Rouland et de M. Duruy une première fois, vers 1880, après un rapport remarquable de M. Morel, ancien directeur de l'enseignement secondaire, aujourd'hui inspecteur général; et, à une date plus récente, lors du passage de l'honorable M. Bourgeois au Ministère de l'Instruction publique. Encore, cette dernière réforme, selon certains professeurs, et des plus compétents, a-t-elle peut-être plus promis qu'elle n'a tenu. C'est elle qui a donné à l'enseignement spécial son nom actuel « d'enseignement secondaire moderne » ; on n'a pas osé aller jusqu'à l'appeler « l'enseignement classique français » ; la tradition ne le permettait pas.

Quoique cet enseignement soit — ou paraisse — plus conforme aux besoins de notre temps que le vieil enseignement, il est loin encore, bien loin d'avoir la faveur des familles, et cela en dépit des statistiques officielles, si engageantes, et cela malgré les nouveaux débouchés que M. le Ministre veut bien lui promettre dans le Ministère des Finances.

M. le Ministre de l'Instruction publique. — Ils sont accordés, monsieur Modeste Leroy.

Je ne suis pas fâché de saisir cette occasion pour dire que M. le Président du Conseil a déjà tenu la parole qu'il avait donnée à la Chambre. (*Très bien! très bien!*)

M. Modeste Leroy. — Je ne suis pas fâché, moi non plus, d'enregistrer cette bonne nouvelle pour votre enseignement moderne, qui, pourtant, s'il constitue un progrès, n'est pas ce que nous eurions voulu.

M. le Ministre de l'Instruction publique. — La décision a paru ce matin au *Journal officiel.*

M. Modeste Leroy. — En tout cas, soyez certain, monsieur le Ministre, que ce n'est pas cet enseignement que recherchent nos aspirants boursiers.

Vous êtes-vous demandé, Messieurs — cette question est très intéressante — ce qu'ils deviennent, les boursiers ?

Quelques-uns réussissent : ils arrivent à la licence. Par malheur, les licenciés sont aujourd'hui en si grand nombre, que M. Poincaré, il y a trois ou quatre ans, a demandé la réduction du crédit des bourses de licence, et que M. Leygues, l'année dernière ministre de l'Instruction publique, a publié à ce sujet une circulaire dont on vous a donné lecture ici même, et qu'enfin, aujourd'hui, M. Dejean, avec quelques-uns de nos collègues, universitaires comme lui, a déposé un amendement pour solliciter une diminution du nombre des bourses de licence.

M. Dejean et ses collègues voteront sans doute mon amendement, car un des moyens, et le plus sûr peut-être, de diminuer le nombre des bourses de licence, est de diminuer le nombre des bourses de l'enseignement secondaire, celles-ci conduisant à celles-là. Supprimez la cause, vous supprimerez l'effet.

M. le Ministre, il est vrai, à la séance de mardi, a déclaré que jamais le Gouvernement n'avait pris et que jamais il ne prendrait d'engagement vis-à-vis des licenciés.

Cette déclaration, il faut bien le reconnaître, a produit une profonde impression sur la Chambre et sur M. Dejean, qui, aussitôt, touché probablement par la grâce de M. Poincaré, a retiré son amendement. (*On rit.*)

M. Dejean. -- J'ai pris acte des déclarations de M. le Ministre.

M. Modeste Leroy. -- Permettez-moi, Monsieur le Ministre, de vous dire que vous n'aurez peut-être pas le même succès ailleurs; que votre déclaration ne produira pas le même effet sur les jeunes gens qui préparent leur licence et sur les familles qui continueront à voir dans la bourse que vous leur accordez comme une promesse tacite, comme un engagement moral de votre part.

Et bientôt, si vous ne prenez pas une résolution énergique, -- ce n'est pas de celle proposée par l'honorable M. Mézières que j'entends parler, -- vous serez débordé pour la licence ès lettres, comme vous l'êtes déjà, de votre propre aveu, pour la licence ès sciences.

Quant aux autres boursiers, ils parviennent à être expéditionnaires ou rédacteurs dans un bureau quelconque, à 12, 15, 1.800 ou 2.000 francs vers leurs vingt-cinq ans, pour finir, après une trentaine d'années de service, par gagner quelques-uns, fort rares, 4 à 5.000 francs. Et je ne parle pas des boursiers qui, ne pouvant achever leurs études ou s'écartant du sillon tracé, font des aigris, des dévoyés, des ratés de lettres, voués d'avance à ce bas journalisme qui déshonore notre époque et tue la vraie presse, voués d'avance aussi au communisme révolutionnaire... (*Exclamations à l'extrême gauche.*)

M. Jourde. — Alors il n'y a que des imbéciles dans le communisme révolutionnaire?

M. Modeste Leroy. — Monsieur Jourde, je vais presque vous donner satisfaction, si vous voulez me laisser continuer... (*Rires sur divers bancs.*)

M. Jourde. — Vous êtes modeste, deux fois et plusieurs fois modeste! (*Nouveaux rires.*)

M. Modeste Leroy. — ... Puisque je vais plaider les circonstances atténuantes!

Je comprends, Monsieur Jourde, que vous ne me trouviez pas un excellent avocat du communisme révolutionnaire, car je n'ai pas la foi.

... Voués, dis-je, au communisme révolutionnaire, à qui nous fournissons presque une excuse quand ils jurent la ruine d'une société dont il leur est quelquefois bien difficile d'être, à cause de l'instruction sans issue et sans application que nous leur avons donnée. (*Très bien! très bien! sur divers bancs.*)

M. Jourde. — Vous appelez cela une excuse?

M. Modeste Leroy. — A propos d'un ouvrage intitulé *l'Education des classes moyennes et dirigeantes en Angleterre*, suivi d'un autre, *les Professions et la Société en Angleterre*, de M. Max Leclerc, je lisais ces jours-ci que « le vrai critérium d'un système pédagogique est la force ou la faiblesse de la société qui en est sortie ».

Ce jugement — pourquoi ne pas l'avouer? — me jette en quelque inquiétude ; car d'une petite, très petite, mais très sévère enquête à laquelle je me suis livré relativement aux boursiers d'un de nos départements, — et je crois, hélas ! qu'il en est de même à peu près dans tous les autres, — il résulte que, dans une période de neuf années, sur 40 boursiers, 16 sont entrés dans nos diverses administrations, 4 dans l'Université, — 20 fonctionnaires déjà sur 40 ! — 4 ont fait leur carrière militaire, 1 sa médecine, 1 sa pharmacie ; 1 est devenu clerc de notaire ; un autre, bicycliste émérite ! (*Rires.*) Quant au reste, 12, par conséquent, ils ont, suivant l'expression d'usage, tout à fait mal tourné. (*Interruptions.*)

M. Jourde. — Non pas le bicycliste !

M. Modeste Leroy. — Il a très bien tourné, lui ! (*On rit.*)

Bref, avec le système des bourses telles qu'elles sont attribuées aujourd'hui, — et c'est là le résultat qu'il importe de retenir, — ce que l'on forme de moins mauvais, c'est une pépinière d'apprentis solliciteurs, de candidats aux places. Si j'en juge par les demandes de recommandation que je reçois, — mes collègues, je le pense, en sont accablés autant que moi, — il en serait bientôt de la France comme il en fut de l'Empire romain de la décadence : il y aura autant de fonctionnaires que de citoyens.

M. Coutant. — Qui les payera, alors?

M. Modeste Leroy. — Le mal n'est pas nouveau. Déjà, au commencement de ce siècle, Paul-Louis Courier le signalait :

« Quelque multiplié, écrivait-il, que paraisse aujourd'hui le nombre des emplois qui ne se compare plus qu'aux étoiles du ciel et au sable de la mer, il n'est pourtant nullement en proportion avec le nombre des demandes. Suivant un calcul modéré, il y a maintenant en France pour chaque place dix aspirants » — que dirait-il aujourd'hui, Messieurs ! — « ce qui, en supposant seulement deux cent mille emplois, fait un effectif de deux millions de solliciteurs actuellement dans les antichambres,

Le chapeau dans la main, se tenant sur leurs membres,

comme dit Regnier dans ses *Satires*. Accordons qu'ils ne fassent nul mal (ainsi la charité nous oblige à le croire), ils pourraient faire quelque bien. »

Oui, Messieurs, et c'est une obligation pour le Gouvernement de la République, mais c'est aussi une obligation pour nous, d'écarter de ce chemin, dans la mesure du possible, les jeunes gens à qui nous accordons des bourses.

« N'est-ce pas, écrivait le regretté Raoul Frary dans un de ses derniers et meilleurs ouvrages, n'est-ce pas une injustice envers l'agriculture, le commerce et l'industrie que d'écrémer la jeunesse au profit du barreau et de la bureaucratie? Est-ce que, pour recruter un état-major de fonctionnaires, la République a le droit de détourner chaque année des milliers d'adolescents de la voie où ils auraient trouvé le bonheur? » (*Très bien! très bien!*)

Or, nous avons, Messieurs, au budget de l'État :

Bourses nationales dans les lycées, 1.979.870 fr.;

Bourses nationales dans les collèges, 580.000 fr.;

Bourses d'externes, 242.000 francs...

En tout 2 millions 800 et quelques mille francs, c'est-à-dire près de 3 millions; et nous avons seulement — c'est là que j'appelle toute votre attention — 71.900 francs pour les bourses dans les écoles pratiques d'industrie et 60.000 francs pour les bourses dans les écoles pratiques de commerce : ensemble 132.000 francs.

Écoles nationales d'agriculture, 72.000 francs;

Écoles pratiques d'agriculture, 164.000 francs;

École d'horticulture, 18.000 francs;

Total (avec 6.000 francs pour l'école nationale des industries agricoles), 260.000 francs.

Comme boursiers de l'État, en fin d'année 1894, il y a 5.100 élèves dans les lycées. Il n'y en a pas 300 dans les écoles pratiques d'industrie et de commerce, même si l'on y comprend les écoles industrielles privées. Dans l'enseignement agricole, il y a 160 bourses.

Telle est, Messieurs, la disproportion entre le nombre et les crédits des bourses de lycée, d'une part, et le nombre et les crédits des bourses d'enseignement commercial, agricole et industriel, d'autre part.

Aussi, l'autre jour, en entendant l'honorable

M. Dutreix exposer la situation chétive de nos écoles pratiques de commerce et d'industrie et déplorer le peu de sympathie, je veux dire le peu d'intérêt effectif qui leur est témoigné, je me rappelais que, dès 1884, devant la Commission d'enquête parlementaire sur l'industrie et l'agriculture, semblables doléances étaient exprimées par M. Jacques Siegfried, le frère de notre honorable collègue.

Je vous demande la permission de faire encore cette citation :

« La profession commerciale n'est pas suffisamment honorée, si bien que nous ne formons pas des hommes, mais nous ne destinons à la carrière commerciale que les enfants dont on ne peut faire autre chose. On dit : Mon fils aîné est très intelligent, je vais en faire un médecin ou un avocat; quant à mon fils cadet, qui est moins intelligent, j'en ferai un négociant, et cela sans lui donner aucune éducation spéciale. Alors, naturellement, comme nous n'avons pas de négociants capables pour aller à l'étranger, on ne nous demande pas nos produits...

« ... Cependant », — et M. Siegfried a été pendant longtemps à la tête d'une des plus grandes maisons de commerce du Havre ; c'est donc après expérience qu'il parle ainsi, — ... « cependant l'expérience des dernières années et le rang qu'ont pris dans le monde les nations où le commerce est le plus en honneur devraient finir par modifier nos idées arriérées et par faire comprendre que c'est surtout dans les affaires que les hommes instruits et capables trouvent aujourd'hui l'emploi le plus fécond de leurs facultés... Les Allemands ont dirigé leurs efforts vers les écoles commerciales, aussi l'Allemagne a-t-elle répandu dans le monde ses commerçants, qui sortent de plus de deux cent cinquante écoles de commerce. »

M. Dutreix. — Il nous reste, en effet, beaucoup à faire.

M. Modeste Leroy. — M. Person, autre homme d'expérience, président de la Chambre de commerce d'exportation française, ajoutait comme conclusion :

« L'Allemagne se développe dans des proportions considérables. Cela tient beaucoup à ce que les Allemands sont en général tous commerçants, c'est-à-dire qu'ils ont la science commerciale. Je me sers peut-être là d'une expression un peu ambitieuse, mais le fait existe cependant. Ils ont deux cent cinquante écoles de commerce, toutes très suivies, tandis que nous n'en avons que sept ou huit. »

M. Jourde. — Et qui produisent plus d'élèves que vous ne pouvez en prendre. Voilà la vérité.

M. Modeste Leroy. — Aujourd'hui, nous avons un peu plus d'écoles pratiques de commerce, un peu plus d'écoles pratiques d'industrie, une vingtaine à peu près.

Mais — M. Dutreix vous le disait et je viens de le démontrer moi-même — elles sont délaissées, beaucoup trop délaissées, même par l'État, qui n'y envoie pas assez d'élèves.

Et ainsi se perd une grande partie des forces de la nation, ainsi s'annihilent des activités et des capacités qui auraient pu trouver une position indépendante et travailler plus utilement à la prospérité du pays. (*Très bien! très bien!*)

Ainsi augmentent chaque jour, dans des proportions véritablement inquiétantes, les charges des contribuables obligés de pourvoir à toutes ces existences. Certes, la France est assez riche pour payer beaucoup de bourses. Nous ne devons pas marchander l'argent au Ministre de l'Instruction publique. Ce n'est pas sur l'éducation nationale qu'il convient de réaliser des économies. Mais, ce qui est nécessaire, ce qui est indispensable, c'est d'employer ces crédits au mieux des intérêts et surtout au mieux du bon renom de la patrie française. (*Applaudissements.*)

(*Journal officiel*, numéro du 15 février 1895 : *Débats parlementaires, Chambre des députés*, p. 315 et suiv.)

MEILLEURE RÉPARTITION DES BOURSES

(18 NOVEMBRE 1897)

Continuant l'œuvre qu'il avait entreprise depuis de longues années déjà, c'est-à-dire l'amélioration de notre enseignement, au point de vue des services qu'il doit rendre, M. Modeste Leroy intervint dans la discussion du budget de l'Instruction publique de l'exercice 1898, et prononça le discours suivant :

M. Modeste Leroy. — Rassurez-vous, Messieurs, je ne viens pas prononcer un discours (*Parlez ! parlez !*), mais dans la discussion générale sur le budget de l'instruction publique, à propos des bourses de l'enseignement supérieur, et plus encore à propos des bourses de l'enseignement secondaire, mon nom ayant été prononcé et par M. Dejean et par M. le Rapporteur, je crois devoir vous présenter une observation d'un caractère en quelque sorte personnel.

Je ne voudrais pas, en effet, qu'à l'opinion que j'ai professée au commencement de cette législature sur la question des bourses, et que je professe encore absolument telle quelle, on prêtât une intention, une tendance qu'elle n'a pas, qu'elle n'a jamais eue. (*Très bien ! très bien !*)

J'ai, en effet, il y aura bientôt trois ans, déposé un amendement tendant à diminuer le crédit des bourses d'enseignement secondaire ; mais quel était donc le but véritable, quelle était la portée exacte de cet amendement ?

La lecture, la simple lecture de ma proposition vous l'apprendra. Elle était, en effet, rédigée ainsi :

« Amendement présenté par MM. Modeste Leroy, etc.

« Diminuer de 1.000 francs le crédit du chapitre 46 relatif aux bourses d'enseignement secondaire, pour augmenter d'autant les bourses d'enseignement commercial, industriel et agricole. »

M. Carnaud. -- En un mot, c'est déshabiller Jean pour habiller Pierre.

M. Modeste Leroy. -- Peut-être, si Pierre est meilleur que Jean. Et c'est là toute la question.

M. Carnaud. -- C'est ce qu'il faudrait démontrer.

M. Modeste Leroy. -- Je vais essayer de le faire.

Vous le voyez, mes chers collègues, c'était ce que, dans notre style parlementaire, nous appelons un amendement d'indication. Il ne fut repoussé, je crois pouvoir le rappeler sans présomption, qu'à une majorité de 6 voix. Par conséquent, M. Bouge était fondé, il y a un an, et, cette année, est encore autorisé à tenir le langage que nous avons entendu. Aussi, quelques mois après, sans doute pour donner satisfaction à ce vote autant que pour répondre aux justes préoccupations de M. Dejean et de M. Delpeuch, le ministre d'alors, M. Poincaré, créa-t-il les bourses d'essai et les bourses de mérite, création excellente, théoriquement au moins, puisqu'elle fait obligation de ne continuer les bourses qu'à ceux-là seulement qui s'en rendent dignes par leur travail, leur intelligence et leurs succès. (*Très bien ! très bien !*)

Dans la réalité, malheureusement, les choses sont restées à peu près en état, les bourses d'essai étant presque toujours continuées en bourses de mérite.

Quoi qu'il en soit, le danger que je signalais à cette époque, sur lequel je veux aujourd'hui encore appeler votre attention, Messieurs, et que M. Bouge, dans son rapport, dénonce très courageusement, n'en subsiste pas moins : c'est le danger de faire des inutiles, des incapables de gagner leur vie... (*Interruptions à l'extrême gauche.*)

M. Carnaud. — Plus on est instruit, plus on est capable de gagner sa vie.

M. Modeste Leroy. — Laissez-moi, mon cher collègue, exposer toute ma pensée, qui n'est pas, vous le constaterez, celle que vous semblez me prêter.

... Le danger, je ne dirai pas de faire des « ratés », puisque l'expression de Balzac et d'Alphonse Daudet déplaît à M. Cochin, mais de faire des déclassés. J'ajoute qu'il ne suffit pas de montrer ce péril dans un rapport ou dans un discours ; il faut encore, il faut surtout le prouver par des faits.

Certes ! la statistique de *la Revue universitaire* que nous a soumise à la séance dernière M. Dejean, statistique due à M. Galeinbert, chef de bureau, et peut-être aussi à M. Rabier, directeur de l'enseignement secondaire, est intéressante ; elle est même instructive. M. Dejean l'a invoquée comme argument avec une joie que seul peut expliquer le retour de l'enfant prodigue auprès de son excellente mère l'Université. (*Rires.*)

Voyez — s'écrie M. Dejean — les admirables résultats ! *De 1892 à 1895, sur 5.000 boursiers, 900 sont entrés dans les hautes écoles.*

Et d'abord, notre honorable collègue est-il sûr que ce soit ou que ce sera un si grand bien pour eux tous ? (*Très bien ! très bien !*) Ah ! Messieurs, que de malheureux nous avons faits avec la légende du polytechnicien, et surtout la légende du polytechnicien fils de gens pauvres ! (*Très bien ! très bien !*)

D'autre part, n'est-ce pas à M. Dejean lui-même qu'était adressée, par un de ces boursiers d'élite précisément, la lettre dont je vais citer les principaux passages :

« Mon cher maître... » — car c'est un élève qui parle à son maître, et ce maître, encore une fois, est notre collègue M. Dejean, l'auteur du remarquable discours d'avant-hier, — « ... n'ayant pu, pendant cette dernière année, obtenir ni un poste de professeur ni même un de répétiteur, ayant échoué dans toutes mes tentatives pour me caser quelque part comme précepteur, en Allemagne ou en France, n'ayant même pu réussir à entrer dans le commerce comme commis quelque part, à la correspondance étrangère, et ne sachant plus enfin de quel côté me tourner, je viens, sur les conseils de mes professeurs, vous demander de m'aider à sortir d'une situation devenue intolérable par le doute perpétuel et l'incertitude du lendemain. »

Les voilà, Monsieur Dejean, les boursiers arrivés aux écoles supérieures, sinon tous, au moins un certain nombre! Les voilà, les services que vous rendez à ces jeunes gens, d'une intelligence élevée pourtant, et d'une distinction incontestable! (*Interruptions à l'extrême gauche.*)

M. Carnaud. — C'est la société qui ne fait pas son devoir envers eux, voilà tout!

M. René Chauvin. — Alors, il faut supprimer les écoles!

M. Modeste Leroy. — Mais les 1.100 autres de la statistique, que sont-ils devenus, ceux-là? où sont-ils passés? que deviendront-ils?

C'est là, Monsieur le Ministre, une statistique qu'il serait intéressant de nous procurer, et je suis monté à la tribune justement pour vous la demander. Oui, Monsieur le Ministre de l'Instruction publique, augmentez d'une unité les circulaires éloquentes que vous adressez à votre administration et prescrivez à chaque proviseur de dresser la statistique de ce que sont devenus tous les boursiers qui ont passé par leur lycée pendant une période de dix années. Ne m'objectez pas que c'est impossible, Monsieur le Ministre. C'est difficile, voilà tout. Je l'ai faite, moi qui ne dispose pas de vos moyens, pour le lycée de mon département, et je suis arrivé à des constatations tristement édifiantes que j'ai livrées à la Chambre.

Ce que j'ai fait pour un lycée, vous pouvez le faire pour tous. C'est le seul moyen — soyez-en persuadé — de savoir si les sacrifices consentis de ce côté par le Gouvernement sont en rapport avec les résultats obtenus (*Très bien! très bien! au centre et à droite*), ou si, au contraire, l'insuffisance des résultats ne commanderait pas de changer la destination de nos crédits et de diminuer encore — n'en déplaise à cette partie de la Chambre (*l'extrême gauche*) — le nombre de bourses « d'enseignement secondaire », pour augmenter, et dans de notables proportions, celui des bourses d'enseignement professionnel, commercial et agricole. (*Très bien ! très bien ! sur un grand nombre de bancs.*)

En terminant, je tiens, Messieurs, à ne pas laisser s'établir une confusion dont on puisse tirer argument contre la thèse que je défends.

Il ne s'agit pas de réduire le chiffre des libéralités du Gouvernement pour la diffusion de l'enseignement parmi les déshérités de la fortune. Celui qui est à la tribune a la prétention d'être républicain et démocrate autant que qui que ce soit ici, et c'est dans l'intérêt même, dans l'intérêt bien compris de la République et de la démocratie que je parle.

M. René Chauvin. — Et les cléricaux seuls vous applaudissent !

M. Modeste Leroy. — Monsieur Chauvin, permettez-moi de vous le dire, il n'y a pas, dans le débat engagé, de question politique, mais une autre question qui devrait vous toucher : une question sociale. (*Très bien ! très bien ! au centre et à droite.*)

M. René Chauvin. — Nous sommes partisans de l'instruction à tous les degrés ; nous ne sommes pas pour l'éteignoir !

M. le Président. — Monsieur Chauvin, veuillez laisser l'orateur s'expliquer.

M. Modeste Leroy. — Il s'agit non de restreindre les bourses, mais de les distribuer d'autre façon, de les repartir plus judicieusement. Loin de solliciter une diminution de crédit, je conclurais plutôt à une augmentation. Mais si je veux le plus de bourses possible, *je veux leur emploi le plus profitable possible, leur meilleure utilisation sociale.*

La République, avec les sacrifices qu'elle consent et qu'elle doit consentir pour l'instruction des enfants du peuple, ne peut avoir comme but unique de faire des candidats fonctionnaires.

Or, vous ne l'ignorez pas, Messieurs, dans l'état actuel de nos mœurs, étant donnés les préjugés qui ont cours, chaque fois que vous appelez à vous un jeune homme pour lui donner une bourse de lycée, par là même, aux yeux de l'enfant, principalement aux yeux des parents, vous lui donnez un droit à une fonction.

Ce n'est pas seulement l'intérêt de l'Etat que j'ai en vue, je prends encore et surtout l'intérêt des boursiers eux-mêmes, qui doivent avoir à cœur, j'imagine, de n'être pas réduits au rôle obligatoire de parasites du Gouvernement. (*Applaudissements au centre et à droite.*)

(*Journal officiel*, numéro du 10 novembre 1897 : *Débats parlementaires, Chambre des députés*, p. 2470 et suiv.)

TRANSFERT AU MINISTÈRE DU COMMERCE

DES ÉCOLES PROFESSIONNELLES DE VOIRON, VIERZON, ARMENTIÈRES ET NANTES

(8 FÉVRIER 1899)

Au cours de la discussion du budget de l'exercice 1899, M. Modeste Leroy présenta un amendement tendant à augmenter de 340.000 francs le chapitre 15 du budget du Commerce et de l'Industrie (Écoles pratiques de commerce et d'industrie — Personnel). Cette somme devait être transportée du chapitre 50 du budget du Ministère de l'Instruction publique au chapitre 15 du budget du Ministère du Commerce, de façon à permettre le transfert audit Ministère du Commerce des écoles nationales professionnelles de Voiron, Vierzon, Armentières et Nantes.

Sur la demande du Ministre du Commerce, qui se déclara partisan de ce transfert et qui promit de le faire effectuer à bref délai, M. Modeste Leroy consentit à retirer son amendement, qu'il avait soutenu dans les termes suivants :

M. Modeste Leroy. — Je demande à la Chambre de vouloir bien réserver la discussion de cet amendement pour le chapitre 50 du budget de l'Instruction publique. M. le Ministre du Commerce ne peut faire opposition à mon amendement et M. le

Ministre de l'Instruction publique doit au contraire défendre son budget.

M. le Ministre du Commerce. — Je préférerais, au contraire, si la Chambre n'y voit pas d'inconvénient, voir voter immédiatement sur ce chapitre.

On propose une méthode de travail qui me paraît défectueuse et sur laquelle j'appelle respectueusement l'attention de la Chambre.

Si l'on se met en effet, sous un prétexte ou sous un autre, à réserver des chapitres, on croira avoir voté le budget, alors qu'en réalité toutes les discussions renaîtront. (*Très bien! très bien!*) Il vaudrait mieux que notre collègue soutînt son amendement, — et il le fera très brillamment, il est armé pour cela, — et la Chambre statuera. Si elle veut l'adopter, elle peut le faire aussi bien aujourd'hui que dans huit jours. (*Très bien! très bien!*)

M. Modeste Leroy. — Je demande la parole.

M. le Président. — Vous avez la parole.

M. Modeste Leroy. — Messieurs, l'amendement que j'ai eu l'honneur de déposer sur le bureau de la Chambre a pour but de réaliser précisément un des désirs exprimés tout à l'heure par M. Groussier : unifier l'enseignement technique et le confier au ministère du Commerce, qui, à mon avis, devrait, seul, connaître de toutes les questions d'éducation professionnelle. (*Très bien! très bien!*)

Cet enseignement technique a subi, dans sa carrière, cependant très courte, de nombreuses vicissitudes. Il est fait, on peut le dire, de pièces et de morceaux. Il a commencé par relever du Ministère de l'Instruction publique pour venir, en partie, du moins, au Ministère du Commerce et rester, quant à certaines écoles, partagé entre ces deux ministères trop souvent ennemis.

L'enseignement professionnel primaire était naguère donné dans trois catégories d'établissements :

1° Par un certain nombre d'écoles primaires supérieures ayant une tendance professionnelle et dépendant du Ministère de l'Instruction publique ;

2° Par les écoles publiques, nationales, départementales ou communales, placées sous la loi du 11 décembre 1880 et relevant à la fois du Ministère de l'Instruction publique et du Ministère du Commerce ;

3° Par les écoles pratiques relevant exclusivement du Ministère du Commerce.

Depuis quelques années, la situation s'est modifiée. Il ne reste plus guère aujourd'hui que deux catégories d'écoles : celles de la première, c'est-à-dire les écoles primaires supérieures, préparatoires à l'apprentissage, et ne relevant que du Ministère de l'Instruction publique, et celles de la troisième, c'est-à-dire les écoles pratiques de commerce et d'industrie.

Les écoles de la deuxième catégorie ont été transformées successivement (loi de 1892) en écoles pratiques de commerce et d'industrie placées sous l'autorité exclusive du Ministère du Commerce, avec un caractère tout à fait technique. Il ne subsiste plus parmi elles que les écoles nationales professionnelles de Vierzon, d'Armentières, de Voiron et de Nantes (cette dernière, ancien établissement privé, acheté ces temps derniers par l'État avec le concours de la ville de Nantes). Celles-ci continuent donc à vivre sous le régime hybride de la loi de 1880, c'est-à-dire sous la dépendance et du Ministère de l'Instruction publique et du Ministère du Commerce.

C'est cette anomalie que je vous demande de faire disparaître. (*Très bien! très bien! à gauche.*)

Je n'ai pas besoin d'ajouter que ce n'est pas pour le simple plaisir de faire cesser une anomalie que j'ai déposé mon amendement. Vous allez, en effet, comprendre de suite les inconvénients graves de ce régime, de cette dualité de direction.

L'Administration de l'Instruction publique, certes, possède de très hautes qualités. Parmi ces qualités, je placerai, en première ligne, une qualité commune, d'ailleurs, à toutes les administrations, le désir inné de ne point laisser entamer si peu que ce soit l'un quelconque de ses services, de ne pas abandonner à d'autres ministères, quelque justifié que soit cet abandon, la plus petite parcelle de ses attributions; à aucun prix l'Instruction publique ne voudrait voir ce qui lui reste de l'enseignement technique émigrer au Ministère du Commerce.

Ce n'est pas non plus faire une critique déplacée de l'enseignement universitaire que de constater que son esprit n'est pas tourné vers l'enseignement professionnel; parfois, même, je ne dirai pas qu'il le méprise, mais il le dédaigne un peu; du moins, il n'en reconnaît pas toujours toute l'importance et, dans tous les cas, il manque des éléments nécessaires pour le bien diriger et assurer sa prospérité.

Mais, Messieurs, serions-nous les seuls à faire la réforme que je désire? Serions-nous les premiers à ranger dans les attributions du Ministère du Commerce l'enseignement technique, tout l'enseignement technique? Non, nous avons été précédés dans cette voie par une nation qui, en matière d'éducation professionnelle, a réalisé, depuis quelques années, des progrès considérables. L'Allemagne a retiré du Ministère de l'Instruction publique son enseignement technique pour le confier au Ministère du Commerce. Et à quel moment a-t-elle fait cette réforme? Le jour même où elle décida d'imprimer à l'instruction industrielle et commerciale l'énorme développement qui, aujourd'hui, assure à l'empire allemand une suprématie économique dont nous souffrons, hélas! plus, beaucoup plus que d'autres. (*Très bien! très bien! sur divers bancs.*)

Cette mesure, l'Allemagne l'a prise la première, avant toutes autres mesures. C'est qu'elle est, en effet, Messieurs, la base fondamentale de toute organisation de l'enseignement technique.

Pour ce qui est des écoles professionnelles nationales de Vierzon, Voiron, Armentières et Nantes, je suis d'autant plus fondé à demander qu'elles soient mises dans les attributions du Ministère du Commerce, que l'enseignement que l'on y donne est à peu près identique, je pourrais même dire tout à fait semblable à l'enseignement des écoles pratiques d'industrie.

Si je prends le programme des études, je constate que la partie technique, justement, est enseignée de même façon; que le nombre d'heures consacré, par exemple, à l'enseignement manuel dans les écoles nationales professionnelles est, par semaine, en première année, de 15 heures; seconde année, 20 heures; troisième année, 25 heures, et dans les écoles pratiques d'industrie, première année, 30 heures; deuxième année, 30 heures; troisième année, 30 heures. Pour les travaux graphiques, le dessin, dans les écoles nationales professionnelles : première année, 6 heures; deuxième année, 6 heures; troisième année, 6 heures; dans les écoles pratiques d'industrie, c'est la même chose : 6 heures, première année; 6 heures, seconde année; 6 heures, troisième année.

Vous voyez, Messieurs, que la ressemblance est à peu près complète entre les plans d'études des écoles nationales professionnelles et ceux des écoles pratiques d'industrie.

Vous reconnaissez de plus que, dans les deux sortes d'établissements, l'instruction est, avant tout, technique, à la différence des écoles primaires supérieures avec simple section industrielle, qui, elles, relèvent du Ministère de l'Instruction publique seul. Dans celles-là, le travail manuel n'existe pas en première année; en seconde et troisième année, il ne prend que 6 heures; on ne consacre aux sciences mathématiques et mécaniques que 3 heures en seconde année et 3 heures en troisième année, etc., etc. Aussi a-t-on pu soutenir que, dans ces écoles primaires supérieures, l'enseignement pratique n'est pas suffisant, et peut-être pourrait-on accepter pour fondée la critique qui a été adressée à ces écoles primaires supérieures de faire, elles aussi, comme nos lycées, trop de candidats fonctionnaires. (*Très bien! très bien!*)

Si ces écoles primaires supérieures peuvent rester au Ministère de l'Instruction publique, celles qui ont vraiment un caractère professionnel, les écoles nationales professionnelles, doivent, en bonne logique, faire retour au Ministère du Commerce.

Réfléchissez, en effet, aux conséquences du régime singulier de ces écoles ainsi tiraillées entre deux administrations, aux inconvénients d'ordre administratif, tels que nécessité d'une entente entre les ministères, retards qui en sont la conséquence, manque d'unité dans la direction des études, dualité dans le personnel relevant plus particulièrement de chacun des ministères qui interviennent dans le fonctionnement des écoles, difficultés pour les nominations, etc.

Tout à l'heure, j'entendais un ancien ministre du Commerce, l'honorable M. Maruéjouls, affirmer que des décisions pour les règlements de certaines écoles ont attendu jusqu'à six et huit mois que les deux ministres fussent d'accord.

Je pourrais, pour corroborer son affirmation, rappeler certains faits et montrer à la Chambre qu'il y a des décisions qui n'ont jamais été rendues, l'accord n'ayant jamais pu s'établir entre les deux ministres ou plutôt entre les deux ministères.

M. Maruéjouls. — Vous pouvez ajouter que, souvent, quand le Ministère de l'Instruction publique demande l'avis du Ministère du Commerce, la nomination est faite depuis quinze jours.

M. Modeste Leroy. — Vous avez entendu, Messieurs, ce que vient de déclarer M. Maruéjouls. Aussi, je me garde de rien ajouter, et je vous laisse sur cette déclaration d'un ancien ministre du Commerce.

Enfin, je prétends que le régime actuel est contraire à la loi du 26 janvier 1892. Aux termes de cette loi (art. 69), les écoles dans lesquelles l'enseignement technique domine relèvent du Ministère du Commerce et de l'Industrie. Or, l'enseignement technique domine, et de beaucoup, dans les écoles nationales professionnelles. Pour se conformer à la loi on aurait dû, dès le premier jour, remettre au Ministère du Commerce, et à lui seul, la direction des écoles professionnelles nationales. (*Très bien! très bien!*) Leur rattachement à ce Ministère ne serait donc que la confirmation de la volonté déjà exprimée par le législateur.

Messieurs, notre enseignement technique, qui doit beaucoup à M. le Ministre et à son directeur, M. Bouquet, est loin d'être parfait. Il faut, pour lui assurer la place à laquelle il a droit de prétendre dans l'éducation nationale, accomplir d'abord la réforme de l'enseignement secondaire, car l'extension nécessaire à l'enseignement technique est liée par un lien indissoluble à la refonte de l'enseignement secondaire. (*Très bien! très bien!*)

C'est à cette condition seule que vous relèverez le niveau de l'enseignement technique français.

M. Gaston Menier. — C'est très exact!

M. Modeste Leroy. — Malgré ses imperfections et bien qu'il ne soit pas encore à la hauteur de l'instruction professionnelle d'Allemagne, d'Autriche et même de Suisse, notre enseignement technique a été cependant l'objet d'études de la part de nations voisines.

C'est ainsi que le Gouvernement britannique a envoyé ces jours-ci en France des délégués avec mission de visiter nos écoles de commerce et d'industrie. Or, l'un d'eux, M. Charles Copland-Perry, inspecteur de l'enseignement technique anglais, après avoir étudié dans ses plus petits détails notre enseignement professionnel, vient d'adresser à son Gouvernement un rapport d'où je détache les passages suivants :

« On ne peut, dit-il, établir une distinction bien nette entre les écoles pratiques et les écoles nationales professionnelles : ainsi à Vierzon, qui devait, comme école nationale professionnelle, être simplement préparatoire à l'enseignement, le programme de l'école nous montre que la deuxième année d'études fournit une culture générale et un commencement d'apprentissage général, pendant qu'en troisième année, la section normale prépare à la vie industrielle par des études pratiques et des travaux d'apprentissage. »

Ce que le visiteur anglais dit de l'école de Vierzon s'applique avec la même force aux autres écoles nationales professionnelles. On ne voit pas dès lors pour quelles raisons ces établissements ne seraient pas placés, comme les écoles pratiques d'industrie, sous la seule autorité du Ministre du Commerce.

Et il ajoute :

« On peut dire que Voiron, Vierzon et Armentières, comme établissements de l'Etat et comme centres de régions industrielles importantes, aux besoins desquelles elles s'adaptent spécialement, occupent une forte position. A un point de vue purement administratif, toutefois, comme étant sous le contrôle de deux Ministères, leur situation est quelque peu illogique, et il est douteux qu'elle dure encore longtemps. Le jour est proche où ces écoles ne relèveront plus que du Ministère du Commerce, et, ce jour-là, on pourra dire qu'un grand progrès aura été réalisé dans la simplification d'un système dont la nature complexe a amené des faits regrettables et entraîné de grandes pertes d'énergie. »

Eh bien, Messieurs, — et c'est ma conclusion, — il me semble que, sans faire trop d'uniformité, on peut et on doit rendre au Ministère du Commerce la direction de tout l'enseignement technique.

Le Ministère du Commerce a dans son administration le Conservatoire des arts et métiers, l'École centrale des arts et manufactures, les Écoles nationales d'arts et métiers, celles de Cluny et de Dellys et les autres écoles nationales industrielles. C'est de ce Ministère encore que relèvent les établissements ou cours privés de l'enseignement technique au nombre de plus de 200; il ne lui manque pour ainsi dire plus que les quatre écoles nationales professionnelles d'Armentières, de Voiron, de Vierzon et de Nantes.

Je demande à la Chambre de régulariser cette situation.

L'enseignement industriel et commercial a aujourd'hui une importance assez grande pour mériter l'attention des pouvoirs publics, et il serait à souhaiter qu'il fût centralisé en entier entre les mains du Ministre du Commerce, qui dispose des éléments nécessaires pour assurer sa prospérité et lui faire porter ses fruits.

Il y va de l'avenir de l'enseignement technique français, c'est-à-dire de la richesse nationale. (*Applaudissements sur divers bancs.*)

M. le Président. — La parole est à M. le Ministre du Commerce.

M. le Ministre du Commerce. — Messieurs, ma tâche n'est pas très facile. J'ai, en effet, l'intention de demander à la Chambre de vouloir bien repousser l'amendement de l'honorable M. Modeste Leroy. Il est assez rare de voir un Ministre refuser un cadeau qu'on veut lui faire, et, en général, c'est plutôt vers une extension d'attributions qu'on se sent attiré lorsqu'on a la charge d'un grand service.

Mais, en réalité, la question qui nous est soumise en ce moment ne paraît pas, au moins quant à présent, comporter la solution que préconise M. Modeste Leroy. En effet, mon honorable collègue, M. le Ministre de l'Instruction publique, est d'avis qu'il n'y a pas lieu de faire le rattachement proposé.

M. Modeste Leroy. — Alors, parce que votre collègue est de cet avis, vous devez vous prononcer dans le même sens ?

M. le Ministre du Commerce. — Permettez, M. le Ministre de l'Instruction publique ne se borne pas à émettre un avis, il le motive, et, comme il est absent, j'ai le devoir d'indiquer les raisons pour lesquelles il incline à ne pas consentir au rattachement dont il s'agit. La Chambre appréciera.

Le régime actuel des écoles professionnelles existe en vertu d'une loi organique ; cette loi a créé une dualité d'attributions qui, évidemment, n'est pas l'idéal au point de vue du bon fonctionnement des services ; mais, comme il est de règle qu'on ne modifie pas, par voie budgétaire, les lois organiques, je vous demande, d'accord avec M. le Ministre de l'Instruction publique, si la véritable procédure ne serait pas toute différente de celle qui vous est proposée.

En ce qui me concerne, je ne puis évidemment déclarer que je n'aie quelque tendance à me rallier en principe à la solution de M. Modeste Leroy.

Il est clair que le jour où le rattachement de ces écoles au Ministère du Commerce sera opéré, il en résultera une unité d'action qui sera un véritable progrès et une amélioration.

M. Maurice Rouvier. — Il n'aura jamais lieu, si la Chambre n'intervient pas.

M. le Ministre. — Mais pourquoi, étant donné l'état de la discussion de la loi de finances, ne pas nous borner à voter le budget et réserver l'examen de la question pour en faire l'objet d'une disposition spéciale qui serait régulièrement soumise à la Chambre, conformément au vœu général qu'elle paraît exprimer et dont je prends acte ?

La discussion du budget demeurera ainsi ce qu'elle doit être en principe, une discussion purement financière.

Dans ces conditions, je demanderai à notre honorable collègue de vouloir bien retirer son amendement.

Je m'efforcerai, pour ma part, de me mettre d'accord avec mon collègue de l'Instruction publique pour réaliser une réforme si intimement liée aux progrès de l'enseignement professionnel dans ce pays. (*Très bien ! très bien !*)

M. le Président. — La parole est à M. Modeste Leroy.

M. Modeste Leroy. — Messieurs, je vous prie de m'excuser si, après une discussion aussi longue, à laquelle ont pris part déjà tant d'orateurs, je me permets de remonter à la tribune. Je veux à la dernière minute, au moment décisif du vote, réparer une omission que j'ai commise tout à l'heure.

Je veux faire observer maintenant à tous mes collègues, qui sont, et avec raison, très avares des deniers des contribuables, chacun le sait...

M. Aynard. — Oh ! oui !

M. Modeste Leroy. — M. Aynard a dit : « Oh ! oui ! » Alors, ce doit être tout à fait vrai. (*Sourires !*)

Je désire faire observer à nos collègues qu'il ne s'agit pas, dans l'espèce, d'imposer une charge nouvelle ; il s'agit tout simplement — je l'ai déjà dit, mais je tiens à le répéter — d'un transport de crédit d'un chapitre à un autre, d'un Ministère à un autre Ministère.

Cette considération est importante, surtout à une époque où il se forme des ligues de grands et petits contribuables. C'est donc pour recueillir les voix de tous les contribuables, par conséquent les suffrages de tous les députés, que je fais cette déclaration.

Je crois, d'ailleurs, que M. le Ministre du Commerce n'est guère hostile à ma proposition que par prétérition et pour ne pas être désagréable à son distingué collègue, M. le Ministre de l'Instruction publique. C'est là l'expression d'un sentiment généreux. (*On rit.*)

Mais cette preuve de bonne confraternité ministérielle, si touchante qu'elle soit, ne suffit pas pour traiter et résoudre une question aussi précise que celle qui est soumise à la Chambre.

Je ne veux pas parler aujourd'hui de la question de l'enseignement technique d'une façon générale, comme a bien voulu le faire M. le Ministre du Commerce, qui, je le comprends, rêve de faire de son Ministère le premier Ministère de France.

Une voix. — Il n'a pas tort ?

M. Modeste Leroy. — Aussi, ai-je dit : « Je le comprends. »

La question que j'agite spécialement à cette heure n'est pas aussi large ; il s'agit d'un simple amendement concernant les écoles nationales professionnelles. Ne donnons ou ne conservons donc pas au débat une ampleur qu'il ne doit pas avoir, aujourd'hui, du moins. Il s'agit de savoir si les écoles professionnelles d'Armentières, de Voiron, de Vierzon et de Nantes peuvent passer du Ministère de l'Instruction publique au Ministère du Commerce. Or, non seulement elles le peuvent, mais elles le doivent. C'est l'intérêt et de l'enseignement technique et du pays. (*Très bien! très bien! sur divers bancs.*)

Je demande donc à la Chambre de vouloir bien renvoyer l'étude de mes deux amendements ou, pour mieux dire, de l'ensemble de mon amendement, à la Commission du budget.

M. le Président. — La parole est à M. le Ministre du Commerce.

M. le Ministre du Commerce. — Messieurs, vous comprendrez que j'ai le devoir d'insister pour que le chapitre en discussion soit voté sans modification. L'accord qui pourra s'établir ensuite avec le Ministre de l'Instruction publique sera de nature, je l'espère, à donner satisfaction à la Chambre. Mais j'ai le devoir de tenir le langage que je tiens.

J'ajoute que la question n'est pas aussi étudiée qu'elle devrait l'être. Il ne suffirait pas, en effet, que la Chambre prononçât, dès à présent, le transfert qui est demandé, pour que le service pût fonctionner. On vous a bien parlé d'un crédit de 340.000 francs; mais, si la mesure proposée était votée immédiatement, il y aurait lieu, par voie de conséquence, d'apporter également des modifications à d'autres chapitres du budget.

Je précise. Rien que pour les bourses, dans les écoles nationales professionnelles, par exemple, une somme de 58.000 francs est prévue au budget du Ministère de l'Instruction publique, en dehors du crédit de 340.000 francs sur lequel porte la discussion.

Cette simple indication suffit pour montrer à la

Chambre qu'il est préférable de ne pas voter le transfert dès à présent.

En présence des déclarations du Gouvernement, notre honorable collègue voudra bien, je l'espère, retirer son amendement. (*Très bien! très bien!*)

M. Modeste Leroy. — Alors, je fais une motion à la Chambre ; j'invite le Gouvernement à étudier le transfert des écoles en question au Ministère du Commerce.

M. le Ministre. — Cette motion est inutile, puisque j'en suis partisan.

M. Modeste Leroy. — Je prends acte des déclarations formelles du Gouvernement, mais j'espère qu'il n'en sera pas comme tous les ans, c'est-à-dire qu'on ne rasera pas demain gratis. (*On rit.*)

(*Journal officiel*, numéro du 9 février 1899 :
Débats parlementaires, Chambre des députés, p. 373 et suiv.)

LA RÉFORME
DE L'ENSEIGNEMENT SECONDAIRE

(27 FÉVRIER 1899)

Au cours de la discussion générale du budget du Ministère de l'Instruction publique pour l'exercice 1899, M. Modeste Leroy, désireux de voir s'accomplir la réforme de l'enseignement, réforme qui rendrait cet enseignement plus pratique et, par conséquent, plus utile, prononça le discours suivant :

M. Modeste Leroy. — Messieurs, quoique nous ne soyons encore, en ce commencement de séance, qu'en bien petit nombre, il me faut prendre la parole que me donne M. le Président, mais je vous demande pardon de commencer aussi modestement. (*On rit.*)

M. le Président. — Et aussi spirituellement. (*Nouveaux rires.*)

M. Modeste Leroy. — Un discours commencé sous de pareils auspices, Monsieur le Président, ne peut manquer de recevoir un heureux accueil.

Je n'ai pas l'honneur de faire partie de la Commission de la réforme de l'enseignement. Cette déclaration m'est nécessaire afin d'indiquer que je parle en mon nom seul, afin, aussi, de demander aux spécialistes — et ils le sont tous — de notre grande Commission de l'enseignement, indulgence pour le profane qui, sans posséder leur compétence, sans avoir, comme eux, entendu l'opinion des plus grands noms de l'Université, se permet de présenter à la tribune quelques réflexions sur l'éducation de la jeunesse française. Mon excuse est de n'avoir pas attendu, pour appeler l'attention du Parlement sur l'urgence de la réorganisation de l'enseignement secondaire, que cette question fût devenue d'actualité. (*Très bien! très bien!*)

Aussi bien, d'ailleurs, les idées que j'ai l'intention d'exposer ici intéressent non seulement les membres de la Commission de l'enseignement, mais encore...

M. Mesureur, *président de la Commission du budget.* — Pas la Commission du budget; il y a une commission spéciale.

M. Modeste Leroy. — Monsieur le Président de la Commission du budget, c'est aussi parce que je sais votre impatience vraiment particulière, cette année, de voir voter le plus vite possible le budget, que je fais cette déclaration préalable.

Les idées que j'ai l'intention d'exposer ici — je le répète avec intention, Monsieur le Président de la Commission du budget — intéressent non seulement les membres de la Commission de l'enseignement, mais encore, et à des titres divers, tous mes collègues de la Chambre.

M. le Président de la Commission du budget. — Elles intéressent toute la France.

M. Modeste Leroy. — Je suis au même titre que vous député, Monsieur Mesureur, et les idées que j'exprime peuvent intéresser la France au même titre que les vôtres. (*Très bien! très bien! au centre.*)

M. le Président de la Commission du budget. — Nous sommes d'accord.

M. Modeste Leroy. — Précisément au début de la discussion du budget, M. le Rapporteur général, dans un discours beaucoup plus éloquent que long... — vous voyez, Monsieur le Président de la Commission du budget, que je suis un collègue fort aimable... (*On rit.*)

A gauche. — Vous êtes juste.

M. Modeste Leroy. — ... M. le Rapporteur général, dis-je, dans un discours beaucoup plus éloquent que long, flagellait — ce qui ne déplaît pas à son talent — l'Administration, « ce pelé, ce galeux, d'où nous vient tout le mal ».

Certes, elle est encombrante, cette Administration ; elle s'étend partout et sur tout. Mais elle est encore plus encombrée. (*Très bien! très bien!*) On vous l'a dit assez souvent, tous ces jours-ci, et vous n'éprouvez sans doute pas le désir, mes chers collègues, d'entendre une fois de plus dénoncer la nouvelle invasion, le fléau dévastateur, l'armée du fonctionnarisme! Puis, l'avouerai-je? le contingent des fonctionnaires, contingent d'une énormité inquiétante, je le reconnais, me préoccupe moins que le chiffre des candidats fonctionnaires.

Il y a aux portes de toute administration publique une foule avide qui lutte sans trêve, sans merci, pour arriver au but, à l'idéal, au rêve : « être fonctionnaire », rêve caressé aussi et plus encore par les parents, qui n'ont fait instruire leur enfant, qui n'ont sollicité et obtenu une bourse que pour cela : « entrer dans une administration ».

En 1819 déjà, Paul-Louis Courier décrivait cet état d'âme du Français :

« Dès qu'un jeune homme sait faire la révérence, riche ou non, peu importe, il se met sur les rangs, il demande des gages, en tirant un pied derrière l'autre ; cela s'appelle se présenter ; tout le monde se présente pour être quelque chose. On est quelque chose en raison du mal qu'on peut faire. Un laboureur n'est rien ; un homme qui cultive, qui bâtit, qui travaille utilement, n'est rien. Un gendarme est quelque chose, un préfet est beaucoup, Bonaparte était tout. Voilà les gradations de l'estime publique, l'échelle de la considération suivant laquelle chacun veut être Bonaparte, sinon préfet ou bien gendarme. »

A la fin de chaque année, on dresse à l'Hôtel de Ville la liste des emplois qu'il y a lieu de pourvoir par suite des vacances ; ce nombre s'élève en moyenne à un millier. Savez-vous à combien se monte le chiffre des postulants ? A 64.847, dont le quart de diplômés ! Et ils attendent, attendent encore, attendront toujours la place entrevue !

Ainsi se perd, avec les candidats fonctionnaires, une grande partie des forces de la nation, parce qu'ainsi s'hypnotisent, s'atrophient et disparaissent des activités qui auraient pu conquérir une situation indépendante et servir utilement leur pays. Ainsi, d'autre part, avec les fonctionnaires, augmentent tous les ans, Monsieur le Président de la Commission du budget, et dans des conditions d'une exceptionnelle gravité, les charges des contribuables obligés d'entretenir toutes ces existences sans pouvoir obtenir de leur travail une valeur égale à ces rémunérations accordées en trop grand nombre.

Maintes fois, et sous divers régimes, on a essayé d'enrayer le mal. Des enquêtes furent faites, des réformes suivirent ; on réorganisa des services, des Ministères; mais, loin d'être une simplification et une amélioration, le changement toujours aboutit à une augmentation de personnel et à un accroissement de dépenses.

C'est qu'en effet, Messieurs, pour combattre le fonctionnarisme, il ne suffit pas de supprimer des fonctions qui, presque toujours et malgré vos décisions, renaissent sous un autre nom. Ce n'est pas davantage en butinant, en grapillant quelques misérables billets de mille francs sur tel ou tel département. Non, la solution de la question du fonctionnarisme n'est pas là. Il faut aller à la racine même du mal, à notre système d'éducation. Il faut ne pas vouer par l'enseignement et surtout par l'enseignement secondaire, il faut ne pas condamner à l'administration la plus grande partie de la jeunesse. (*Très bien! très bien!*)

Notre éducation du lycée conduit et ne peut conduire l'enfant qu'à l'administration ou aux carrières dites libérales. Pendant dix années, vous l'avez traîné sur les beautés d'un passé qu'il ne connaît pas et d'une langue qu'il sait à peine lire. Trop souvent, il sort du collège les oreilles pleines et l'esprit vide. Cette instruction classique, introduite chez nous aux XVIe et XVIIe siècles pour une aristocratie, éducation de luxe pour une minorité privilégiée, utile seulement aux avocats, aux médecins, aux prêtres, comment aujourd'hui, dans notre démocratie, peut-elle être encore l'instruction générale des Français?

Avec des études aussi peu pratiques, que faire en ce siècle de la machine et de l'électricité? Comment se tirer, dans la mêlée sociale, dans la lutte pour la vie? (*Applaudissements.*)

Dès 1686, l'abbé Fleury protestait; cent ans plus tard, en 1783, Roland d'Ereeville, se plaignant déjà qu'il y eût trop d'élèves de l'enseignement classique — combien peu nombreux pourtant ils étaient alors! — s'écriait :

« Au contraire, dans les collèges publics, toutes les sciences ne devraient-elles pas avoir leur enseignement? Le commerce et les arts industriels ne devraient-ils pas y trouver les connaissances qui leur sont nécessaires? Ne devrait-on pas proportionner au talent et aux besoins des jeunes gens l'éducation qu'ils doivent recevoir? »

Et de nos jours, sans rappeler le cri d'alarme poussé il y a quinze ans par le regretté Raoul Frary, de nos jours même, ce sont presque, mot pour mot, regrets identiques.

« Ce que je reproche à l'enseignement secondaire, quel qu'il soit, classique ou moderne, écrit M. Chailley-Bert, c'est de ne pas nous acheminer aux besognes diverses de la vie, de ne pas nous incliner doucement vers elles, de nous élever au-dessus d'elles, de nous laisser croire que nous sommes supérieurs à elles. L'enseignement secondaire met toujours sinon au-dessus, du moins presque toujours à côté de la vie. »

Or, soit par la vanité de ceux qui veulent que leur fils fasse « son latin », soit par une fausse conception de l'égalité de ceux qui ne voient pas pourquoi leurs enfants ne feraient pas « leurs études » comme les autres, il est pour ainsi dire incalculable le nombre des jeunes gens qui sont ainsi jetés en marge de la vie moderne. (*Nouveaux applaudissements.*)

M. Jourde. — Ce n'est pas l'instruction qui jette en marge de la vie moderne.

M. Modeste Leroy. — Nous sommes d'accord, M. Jourde; c'est l'éducation donnée mal à propos.

M. Jourde. — Ce sont les conditions économiques modernes qui sont la cause du mal.

M. Modeste Leroy. — Permettez-moi de répondre, Monsieur Jourde, qu'en soutenant cette théorie vous êtes d'accord avec le parti socialiste que vous représentez, et que moi, en défendant les principes que j'apporte ici, je reste fidèle aux idées d'ordre social du parti que je représente, idées qu'il se fait honneur de défendre toujours et partout.

M. Jourde. — Vous êtes d'accord avec ceux qui mettent en marge la plupart des citoyens au nom desquels vous prétendez parler en ce moment.

M. Modeste Leroy. — Si vous voulez que j'aille plus loin, Monsieur Jourde, je vous dirai que c'est l'éducation donnée mal à propos qui forme les têtes de colonne de votre parti.

M. Charles-Gras. — Le jour où il y aura des

caisses de retraite pour la vieillesse des travailleurs, il y aura moins de demandes de places.

M. Modeste Leroy. — Il est étrange, vraiment, que ce soit le parti socialiste, lui qui prétend au monopole des sentiments démocratiques, qui revendique pour lui seul une éducation aussi aristocratique que l'éducation classique !

M. Charles-Gras. — Non, pas pour lui seul, mais pour tous les citoyens.

M. Jourde. — Retournez-vous vers notre respectable président ; je suis convaincu qu'il n'est pas de votre avis.

M. Modeste Leroy. — Voici des chiffres qui justifient la thèse que je défends...

M. Jourde. — Ne dites pas de mal des études classiques, si vous ne pouvez en dire du bien.

M. Modeste Leroy. — Je n'ai pas les mêmes raisons que vous, mon cher collègue, pour dire du bien des études classiques, mais permettez-moi de vous faire observer que ce que j'en dis, je le dis en connaissance de cause, au moins autant que vous.

Au 1er mai 1897, on comptait dans les lycées 52.427 élèves ; dans les collèges, 32.412 ; au total, 84.839 ; dans les établissements libres laïques, 12.813 ; dans les établissements libres ecclésiastiques, 62.180 ; total, 75.000 ; dans les petits séminaires, 22.381. Ensemble, 182.220 aspirants bacheliers.

D'autre part, et comme conséquence, ceci conduisant à cela, on compte : droit, 9.371 étudiants ; médecine, 8.000 ; sciences, 3.544 ; lettres, 3.643. Bref, en y ajoutant toutes les autres écoles de degré supérieur : normale, Saint-Cyr, polytechnique, beaux-arts, forestière, etc., on arrive à un total d'environ 40.000 candidats, fonctionnaires, avocats, médecins, prêtres, etc., c'est-à-dire de jeunes gens qui ne vont ni à l'agriculture, ni au commerce, ni à l'industrie, ni à la colonisation. (*Très bien! très bien!*)

Que dis-je? ce mal est tellement en nous que nous l'infiltrons jusque dans nos possessions d'outre-mer! Ainsi, dans l'Inde française, le vestige de l'héritage de Dupleix et de La Bourdonnaye, le collège colonial fait annuellement quatorze ou quinze bacheliers — et quels bacheliers! — dont l'idéal est de rester copistes dans les bureaux du gouverneur jusqu'à l'âge de la retraite! Le collège qui produit ce résultat coûte par an près de 33.000 francs.

M. Charles-Gras. — Ils ne visent que la retraite. Donnez une retraite aux travailleurs qui n'en ont pas, et il y aura beaucoup moins d'aspirants fonctionnaires.

M. Modeste Leroy. — Donnez une retraite à vos interruptions, je vous en prie. (*On rit.*)

Je pourrais attirer votre attention sur ce fait que, dans les lycées et collèges de l'Etat, il y a 32.000 élèves de l'enseignement classique, alors qu'il n'y a que 27.000 élèves de l'enseignement moderne. Je pourrais insister sur cet argument en observant que, dans les institutions congréganistes, l'écart est beaucoup plus considérable encore au préjudice de l'enseignement moderne. Mais, en dernière analyse, qu'importe pareille constatation? Que les élèves suivent l'une ou l'autre éducation, le résultat, au point de vue économique comme au point de vue social, n'est-il pas le même, tout à fait le même? Ce sont tous ou presque tous des enfants qui, je tiens à le répéter, n'iront ni au commerce, ni à l'industrie, ni à l'agriculture, ni à la colonisation.

L'enseignement moderne devait être un remède; il a été une aggravation. Croire que cet enseignement moderne répond aux revendications exprimées au nom des intérêts contemporains est une erreur qui ne peut provenir que d'une connaissance insuffisante des programmes ou d'une importance exagérée, d'un sens inexact attribué au mot « moderne ».

L'idée qui avait présidé à la création de l'enseignement spécial, dont l'enseignement moderne n'est que le fils dénaturé et non régénéré, était de préparer et de ne préparer qu'aux professions véritablement productrices de la prospérité matérielle du pays. Le fondateur de cet enseignement, M. Duruy, en avait dessiné le plan avec un esprit dont on admire le sens pratique, en même temps que l'élévation de la pensée; et dans la première transformation de cet enseignement spécial, en 1880, sur un rapport de M. Morel, aujourd'hui inspecteur général, on s'était efforcé, en développant le programme, de rester conforme au caractère et aux principes de l'origine. Mais les derniers réformateurs, les inventeurs de l'enseignement moderne, voulant faire plus ample, ont calqué le plus qu'ils ont pu l'enseignement moderne sur l'enseignement classique, composant ainsi « cet enseignement hybride » dont parle M. Fouillée, « capable de donner des artistes teintés d'industrialisme ou des industriels frottés de littérature ». (*Très bien! très bien!*)

On en a fait une éducation littéraire ou plutôt à façade littéraire, à tel point qu'il fut un instant question de l'appeler « enseignement classique français ». Tout ce qui avait un caractère pratique et utilitaire fut relégué au deuxième plan, sinon au troisième, mais on y introduisit la philosophie, toute la philosophie et même les auteurs grecs et latins... en français !

C'est ainsi encore que l'étude des langues vivantes, obligatoire jusque dans la classe de seconde, devient facultative dans la classe de première, après avoir été épreuve écrite pour la première partie du baccalauréat, si bien que c'est pendant la dernière année, celle qui devrait être le couronnement normal des études, que l'on s'empresse de restreindre, de supprimer, — et que les élèves, naturellement, se dépêchent d'oublier, — la partie du programme que nous nous félicitions le plus d'y rencontrer. (*Très bien! très bien! sur divers bancs.*)

Pour pousser plus loin encore l'assimilation, la copie, on a donné au baccalauréat de l'enseignement moderne l'accès de presque toutes les carrières, qui jusque-là étaient réservées au baccalauréat de l'enseignement classique. Ne parle-t-on pas même de lui ouvrir toutes grandes les portes des écoles ou facultés ?

M. Edouard Vaillant. — On a grand'raison.

M. Modeste Leroy. — Je trouve qu'on a grand tort, Monsieur Vaillant : nous ne sommes pas près de nous entendre.

De sorte que, avec l'enseignement moderne aussi

bien qu'avec l'enseignement classique, le lycée n'a pas cessé d'être, suivant le mot de M. de Vogüé, « ce laminoir scolaire qui reçoit des êtres variés comme les créations naturelles et qui rend des produits garantis pareils sur facture ou sur diplôme ». Ces produits, ce sont des candidats fonctionnaires. (*Très bien ! très bien !*)

M. Gueneau. — Il n'y a pas un dixième des élèves de l'enseignement moderne qui deviennent fonctionnaires.

M. Couyba. — C'est parfaitement exact.

M. Modeste Leroy. — Je sais d'où proviennent les statistiques que vous invoquez ; je sais qu'elles sont fournies par le collège Rollin : vous me permettrez de dire que, pour le reste de la France, non seulement elles ne sont pas exactes, mais je vous apporterai d'autres statistiques qui sont diamétralement opposées.

M. Maurice Faure, *rapporteur.* — M. de Vogüé est un adversaire de l'enseignement de l'Etat.

M. Levraud. — Par qui sont établies les statistiques dont vous parlez ?

M. Modeste Leroy. — Député de Paris, vous défendez chaleureusement le collège Rollin, Monsieur Levraud ; c'est naturel et juste.

M. Couyba. — M. Levraud est un défenseur de l'enseignement de l'Etat ; il a raison.

M. Modeste Leroy. — Moi aussi, je suis partisan de l'enseignement de l Etat.

M. Levraud. — Je vous demande qui a fait les statistiques dont vous parlez. Je ne les connais pas, pour ma part.

M. Modeste Leroy. — Ce sont des statistiques officielles.

M. Gueneau. — Il n'y a pas un dixième des élèves de l'enseignement moderne qui se dirigent vers les carrières administratives.

M. Modeste Leroy. — Mon cher collègue, je vous citerai en temps voulu des statistiques tout à fait contraires à celles que vous voulez bien m'opposer.

M. Levraud. — Il s'agit de savoir quelle est la valeur de vos statistiques.

M. Modeste Leroy. — Et voilà, Messieurs, comment l'enseignement moderne, au lieu de diminuer le fonctionnarisme, l'augmente en créant une seconde catégorie de fonctionnaires, inférieure encore à la première. Son but devait être aussi de nous arracher à la maladie du mandarinat et à la suprématie déprimante des prétendues professions libérales ? Vous venez de voir ce qu'on en a fait, ce qu'on en veut faire.

Notre inquiétude, enfin, n'est pas atténuée si nous réfléchissons que le chiffre considérable de notre population d'enseignement secondaire ne fera qu'augmenter tant que la loi militaire accordera la dispense à certains diplômés d'ordre privilégié.

A droite. — Très bien ! Très bien !

M. Modeste Leroy. — Ne dites pas : Très bien ! de ce côté (*la droite*), parce qu'ici (*l'extrême gauche*) on va m'appeler conservateur et réactionnaire.

A gauche. — C'est d'abord de notre côté, au contraire, que l'on a dit : Très bien !

M. Modeste Leroy. — Je n'ai fait cette réponse à une interruption que pour montrer combien il est injuste, de part et d'autre, de mêler la politique à des débats qui n'ont rien de politique et qui sont, avant tout, d'ordre social. (*Très bien ! très bien ! sur divers bancs.*)

M. Couyba. — Très bien ! vous avez dit la vérité.

M. Levraud. — Ces débats ont aussi un caractère politique.

M. Modeste Leroy. — Combien le législateur de 1889 eût été mieux inspiré en n'attribuant la dispense qu'aux jeunes gens qui iraient s'établir dans les colonies...

M. Julien Goujon. — Très bien !

M. Modeste Leroy. — ... Qui iraient porter au dehors et relever le renom commercial de la France. (*Très bien ! très bien !*)

Nous ne sommes pas près, hélas ! de le voir grandir ce renom, si, maintenant, après avoir examiné les chiffres de notre population universitaire, nous consultons les statistiques relatives à l'enseignement technique, industriel, commercial et agricole. Que trouvons-nous, en effet ? 18.000 à peine de nos jeunes compatriotes recevant l'instruction industrielle — de l'Etat ou libre — et, dans ce nombre, 3.000 du degré supérieur et du degré secondaire ; puis, l'enseignement primaire industriel (écoles d'apprentissage et cours professionnels) ne comptant pas plus de 15.000 enfants !

Quant à l'instruction purement commerciale, elle atteint, avec peine, dans les onze écoles supérieures et dans les quinze écoles pratiques ou sections commerciales d'écoles pratiques, le chiffre de 2.300 élèves. Pour tout cet enseignement, industriel et commercial, un budget de 3.400.000 francs seulement.

L'enseignement agricole comprend: enseignement supérieur et enseignement secondaire, 2.037 élèves; enseignement primaire, 498; soit ensemble 2.535.

Cette constatation de la différence qui existe entre le nombre des élèves de l'enseignement secondaire — classique ou moderne — et le nombre des élèves de l'enseignement technique, est pénible, Messieurs, alors surtout que d'autres nations, nos voisines, nos rivales, l'Allemagne en première ligne, s'ingénient, travaillent pour l'emporter dans les luttes pacifiques, mais plus ardentes que jamais de la concurrence manufacturière.

En Allemagne, l'enseignement des sciences et de leurs applications est très recherché, et surtout l'étude spéciale du commerce et de l'industrie est tout à fait en honneur.

Beaucoup de jeunes gens de familles riches s'y adonnent, à la différence, hélas! de ce qui se passe en France, où trop souvent les parents ne mettent dans les affaires que celui de leurs enfants qui ne peut faire ses études. (*Très bien! très bien!*)

M. Edouard Vaillant. — Il y a aussi plus de places pour l'enseignement supérieur en Allemagne qu'ici.

M. Modeste Leroy. — Je combattrai votre amendement, Monsieur Vaillant.

M. Jourde. — Ce n'est pas un amendement, c'est une constatation.

M. le Président. — L'orateur fait sans doute allusion à un amendement déposé.

M. Modeste Leroy. — En effet, Monsieur le Président, car M. Vaillant a déposé un amendement tendant à augmenter les bourses d'enseignement supérieur, et c'est à cela que je répondais.

Le Ministre de l'Instruction publique, M. de Gossler, se plaignait, en 1889, à la Chambre des députés de Prusse, « du développement rapide et injustifié de la fièvre d'accroissement des écoles secondaires, de 1870 à 1880, période pendant laquelle elles s'étaient accrues de 131, — dont 86 gymnases ou lycées; — mais il se félicitait que, de 1880 à 1888, 18 gymnases seulement aient été créés, que le nombre des realgymnases se soit abaissé de 9 et que, par contre, celui des *realschulen* se soit augmenté de 33.

Depuis 1889, surtout depuis le dernier plan des classes secondaires de 1892, l'enseignement classique du gymnase a diminué encore, principalement comme heures d'études.

Tout au contraire, il s'est produit un rehaussement considérable dans la situation matérielle et morale des *realschulen* où est donnée l'instruction que réclamait M. Duruy, et que d'ailleurs il avait prise comme type de son enseignement spécial. La population des *realschulen* a augmenté de plus de moitié. En Prusse, vers 1872, on n'y comptait que 16.837 élèves; en 1892, il y en avait 28.000, et en 1897, il y en a plus de 33.000.

Les « realgymnases », qui tiennent le milieu entre le gymnase et la « *realschule* », « enseignement bâtard, éducation bâtarde », dit l'empereur Guillaume, quelque chose d'analogue, pourrions-nous ajouter, à notre enseignement moderne, —

sauf le latin qu'on y enseigne, au moins, en latin, — les « realgymnases », dis-je, diminuent de jour en jour et sont condamnés à disparaître au bénéfice presque exclusif des « *realschulen* ».

Quoi qu'il en soit, dans cette même Prusse qui est la partie de beaucoup la plus classique de l'Allemagne, gymnases ou progymnases, realgymnases ou realprogymnases réunis, ne fournissent que 110.000 élèves, sur une population de 30 millions d'habitants.

Et dans tout l'empire allemand, c'est-à-dire pour une population de 48 millions d'habitants, on ne trouve que 8.200 étudiants en médecine, 6.150 étudiants en droit, etc.

M. le Rapporteur. — En France aussi, nous développons notre enseignement professionnel dans toutes les écoles primaires supérieures et dans les écoles spéciales ; ce développement est attesté par mon rapport et par les documents de l'administration. Ne soyez pas injuste envers la République.

M. Modeste Leroy. — Je ne suis injuste ni envers la République ni surtout envers le rapporteur. Les écoles primaires supérieures ont, par malheur, en France, le grand défaut de n'être pas assez professionnelles ; elles ne le sont même pas du tout.

M. Arthur Groussier. — Très bien !

M. Levraud. — Si elles étaient professionnelles, elles cesseraient d'être des écoles primaires supérieures.

M. Modeste Leroy. — Voulez-vous me permettre de dire que, pour apporter ici cette affirmation, je m'appuie sur une autorité que personne ne peut contester, celle de M. Charles Dupuy?

M. Bourgeois lui-même, lorsqu'il était ministre de l'Instruction publique, a reproché, suivant moi à juste titre, à nos écoles primaires supérieures, de n'avoir pas conservé et plus encore de n'avoir pas développé leur caractère professionnel.

M. le Rapporteur. — Mon rapport constate le contraire.

M. Modeste Leroy. — Vous avez bien constaté aussi l'autre jour cette tendance de certains esprits à ne pas admettre que les écoles primaires supérieures deviennent professionnelles ; or, cette tendance se manifeste de façon particulièrement énergique dans l'Administration de l'Instruction publique; n'avez-vous pas vu M. le Ministre du Commerce refuser le présent que je voulais lui faire de la gestion et de la direction des écoles professionnelles d'Armentières, de Voiron, de Vierzon et de Nantes? Et il l'a refusé, ce cadeau, à cause, précisément, de l'intervention de M. le Ministre de l'Instruction publique qui lui a manifesté son désir, sa volonté de ne pas laisser passer ces écoles au Ministère du Commerce. Cet état d'esprit de M. le Ministre de l'Instruction publique est malheureusement trop celui de toute la France.

M. Levraud. — Il est excellent, cet état d'esprit!

M. Georges Leygues, *ministre de l'Instruction publique et des Beaux-Arts.* — Ces écoles sont-elles bien organisées? donnent-elles de bons résultats?

M. Modeste Leroy. — Lesquelles?

M. le Ministre. — Celles d'Armentières, de Voiron et de Vierzon.

M. Modeste Leroy. — Elles sont très bonnes sous votre administration.

M. le Ministre de l'Instruction publique. — Vous êtes bien aimable, mais il ne s'agit pas de moi.

M. Modeste Leroy. — Cette précaution oratoire prise, permettez-moi d'ajouter, Monsieur le Ministre, qu'à mon avis elles seraient encore meilleures sous l'administration de votre collègue du Commerce.

Revenant à ma thèse, Messieurs, je remarque que ce qui frappe davantage encore, en Allemagne, c'est la prospérité récente de l'enseignement technique. Ainsi se réalise le désir le plus cher de l'empereur Guillaume qui, en 1890, proclamait :

« A bas la composition latine, elle nous gêne, et avec elle nous perdons notre temps... »

M. Jourde. — L'empereur Guillaume avait raison à son point de vue !

M. Modeste Leroy. — « ... Le mot du prince de Bismarck « le prolétariat des bacheliers » est exact. La plupart de ceux qu'on appelle les candidats de la faim, principalement MM. les journalistes, sont des élèves de gymnase déclassés et ratés. »

Comme je ne veux pas me faire d'ennemis dangereux, permettez-moi de rappeler que c'est l'empereur qui parle et non Leroy. (*On rit.*)

« C'est pourquoi, ajoute l'empereur, je n'autoriserai plus l'ouverture de gymnases dont on ne pourra me prouver la raison d'être et la nécessité. »

Il conclut ainsi : « Des gymnases, nous en avons assez. »

Et il ordonne de prendre « des mesures techniques et pédagogiques pour élever la jeunesse de façon à répondre aux nécessités présentes de la situation qu'occupe la patrie dans le monde, et pour la mettre à la hauteur des luttes pour la vie ».

M. Edouard Vaillant. — La réaction est la même dans tous les pays.

M. Modeste Leroy. — Celui qui est à la tribune n'a jamais fait œuvre de réaction ici ou dans le département qu'il a l'honneur de représenter ; il a toujours défendu la République, et il avait quelque mérite à cela. (*Très bien ! très bien ! au centre.*)

M. Jourde. — Vous êtes certainement un républicain, mais vous vous trompez en ce moment ; nous le croyons tout au moins.

M. Modeste Leroy. — Je ne me formalise pas de vos interruptions, mes chers collègues ; elles prouvent, au moins, que ce que je dis vous intéresse.

On comptait en 1891, en Prusse, 100 écoles commerciales avec 6.911 élèves ; aujourd'hui, en 1898, il y en a 138, avec 11.000 élèves.

Puisque j'ai parlé de nos écoles d'apprentissage, cours professionnels, je note en passant les 240 écoles de métiers que les corporations de Prusse ont fondées et qui sont suivies par près de 12.000 élèves.

M. Dumont. — Très bien !

M. Modeste Leroy. — Je suis heureux d'entendre M. Dumont dire « très bien ! ». Il est universitaire, et son approbation a d'autant plus de prix.

La Saxe, pays de 3 millions d'habitants, possède 3 écoles d'art industriel, 3 écoles industrielles supérieures, 40 écoles de commerce, 2 écoles des mines, 30 écoles industrielles générales, 10 écoles d'horticulture et d'agriculture, 100 écoles professionnelles proprement dites, ou écoles de métiers.

Enfin, Messieurs, les ressources consacrées par le Gouvernement à l'entretien de cet enseignement technique sont : royaume de Prusse, 2.422.844 marcks ; Saxe, 593.064 marcks ; grand-duché de Bade, 649.600 marcks ; grand-duché de Hesse, 226.613 marcks ; total, 3.894.121 marcks, soit 4.867.700 francs, non compris la Bavière et le Wurtemberg, pays pour lesquels je n'ai pas pu avoir de renseignements budgétaires. Or, la Bavière possède 8 écoles de commerce et 15 écoles professionnelles ; le Wurtemberg, 3 écoles de commerce et 4 grandes écoles professionnelles, sans parler des cours.

Ainsi l'Allemagne consacre 4.867.700 francs à l'enseignement technique, indépendamment des sommes payées par les communes, dont les sacrifices — j'insiste sur ce point — sont beaucoup plus considérables que ceux de l'État, indépendamment enfin des subventions accordées par les corporations.

M. le Rapporteur. — Nous consacrons 2.405.000 francs à l'enseignement primaire supérieur, dont l'orientation professionnelle est incontestable.

Il serait évidemment désirable d'augmenter encore ce crédit, et nous le ferions si les ressources budgétaires nous le permettaient.

M. Modeste Leroy. — Voilà, Messieurs, comment

l'Allemagne cesse peu à peu d'être tributaire de la France, même pour les travaux d'art et de luxe, comment ses jeunes gens se font apprécier dans le haut commerce par leurs connaissances positives et pratiques et par leurs aptitudes à la bonne gestion des affaires. En Angleterre, à Londres, dans la Cité même, en Amérique, en Russie, on les emploie, on les recherche ; et là où ils réussissent, ils appellent leurs compatriotes, leurs condisciples.

Étonnez-vous, après cela, de l'expansion germanique ; étonnez-vous que les Allemands nous enlèvent les uns après les autres tous nos marchés, même nos plus vieux marchés historiques ; étonnez-vous qu'après avoir fait, comme le rappelait M. Camille Pelletan, des conquêtes militaires dont nous portons encore le deuil, ils fassent maintenant la conquête commerciale du globe !

Pour moi, c'est une conviction profonde que si, de 1872 à 1896, l'Allemagne a vu progresser ses exportations de 2.900.000.000 à 4.000.000.000, que si, au contraire, la France a vu baisser ses exportations de 3.700.000.000 à 3.400.000.000, la cause en est par-dessus tout à la direction nouvelle que l'une a introduite dans son éducation nationale, et à la continuation des errements anciens que l'autre y a maintenus. (*Applaudissements.*)

M. de Lanessan. — C'est vrai.

M. Modeste Leroy. — C'est vrai, dit M. de Lanessan...

M. de Lanessan. — C'est vrai, mais c'est une vérité qui n'a pas de rapport avec la thèse que vous soutenez.

M. Modeste Leroy. — Je ne saisis pas.

M. de Lanessan. — Je ne vois aucune contradiction entre l'enseignement scientifique, dont je voudrais faire le point de départ de tout notre enseignement secondaire, et l'enseignement classique, qui de son côté a son intérêt et ses avantages. Je déplore que, toutes les fois que cette question est discutée en public ou ici, on crée entre ces deux enseignements une antinomie qui en fait n'existe pas. (*Très bien! très bien, à gauche!*)

M. Modeste Leroy. — Monsieur de Lanessan, je ne serais pas éloigné d'être de votre avis, et votre théorie se rapproche assez de la mienne, mais j'en soutiens une autre en ce moment; permettez-moi de continuer.

Malgré les succès produits chez nos voisins d'outre-Rhin par ces nouvelles méthodes d'enseignement, ce n'est pas de l'Allemagne qu'est venu en France le coup de fouet qui, de nouveau, a éveillé l'attention publique en faveur de la refonte de notre enseignement et surtout de notre instruction secondaire. Ce n'est pas davantage de l'Autriche, où, cependant, on voyait, dès 1894, 62 écoles de commerce suivies par près de 9.000 élèves et où, d'autre part, le nombre des écoliers ayant fréquenté les cours des gymnases classiques n'était que de 56.000.

Le renouvellement de cette campagne dont l'écho, cette fois, grâce à une presse bruyante et utile, est parvenu jusqu'aux Chambres, est dû au livre de M. Demolins : *A quoi tient la supériorité des Anglo-Saxons.*

Nul plus que moi, Messieurs, n'a applaudi à

l'apparition de ce livre, qui a provoqué en France de salutaires réflexions; et aujourd'hui j'applaudis d'autant plus volontiers, que l'auteur, joignant l'acte à la parole, vient de fonder « l'école des Roches », où sera essayée, compte tenu de notre tempérament, l'éducation anglaise. Certes, c'est faire œuvre éminemment utile pour notre race que de lui proposer comme exemple cette éducation britannique, l'aversion de l'Etat-providence et l'indépendance d'esprit qu'elle assure, la confiance en soi qu'elle donne, l'initiative et la hardiesse d'entreprise qu'elle développe. Mais M. Demolins semble n'avoir vu en Angleterre que l'éducation. S'il avait dirigé davantage son étude vers l'instruction, il se fût peut-être montré admirateur moins enthousiaste de la supériorité de l'Anglo-Saxon et critique plus juste ou moins sévère de l'enseignement allemand. En Anglèterre, jusqu'à ces dernières années du moins, l'instruction était loin, bien loin d'être brillante. L'enseignement secondaire, d'ailleurs, tout à fait indépendant de l'Etat, réservé à une élite très riche, fort peu nombreuse, était exclusivement littéraire. Ce n'est pas sans raison qu'un homme de compétence on ne peut plus sûre, M. Max Leclerc, dans son ouvrage *l'Education des classes moyennes et dirigeantes en Angleterre*, écrit, en 1894, que « l'enseignement secondaire anglais est une plante d'ancien régime ».

Pas de littérature nationale, pas d'histoire nationale, pas de géographie. Nos enfants — disent les Anglais — l'apprendront en courant le monde. Enfin, dans ce pays d'esprit pratique et de grand développement manufacturier, pas d'enseignement technique, pas d'écoles professionnelles ; dans cette terre par excellence du commerce, pas d'écoles de commerce !

Comment alors expliquer que, « avec des programmes d'études dont les trois caractères sont, — d'après M. Boutmy, — l'insuffisance, l'incohérence et l'impropriété », la Grande-Bretagne ait pu offrir à l'univers le spectacle d'une nation à littérature si haute, à expansion scientifique et industrielle si prodigieuse ? C'est précisément le fruit de l'éducation qu'elle a donnée à ses fils, de la « préparation à la vie » qu'elle leur a inculquée. Mais les Anglais sont beaucoup trop clairvoyants pour ne s'être pas aperçus qu'aujourd'hui, après la révolution économique opérée par le progrès extraordinaire des sciences appliquées et par le rapprochement des distances, l'éducation, si vigoureuse soit-elle, n'est plus un levier suffisant pour continuer, comme ils le font depuis tant de siècles, à soulever, je veux dire à accaparer le monde. (*Très bien ! Très bien !*)

Sous la pression de l' « Association pour l'avancement de l'instruction technique et secondaire », une loi de 1889 a créé l'instruction technique qui, depuis, il est vrai, a marché à véritables pas de géant. Enfin, en ce moment, le Parlement anglais étudie un projet tendant « à créer un enseignement commercial méthodique dans toutes les parties du Royaume-Uni ».

Ce qui, peut-être, n'a pas nui à ce goût si subit de nos voisins pour l'éducation commerciale, c'est que, si l'on jette les yeux par delà les mers, sur les

États-Unis, cette nation pleine de sève débordante, dont la principale préoccupation — heureuse nation ! — est de trouver un emploi à ses excédents budgétaires, comme aussi, — il faut le dire, — de substituer partout les cargaisons américaines aux marchandises européennes, on voit 270 institutions commerciales comptant près de 55.000 élèves.

Aujourd'hui même, des délégués sont envoyés par le Ministère anglais en Allemagne, en Belgique et en France, pour visiter et étudier les écoles de commerce. Aussi, « plus que jamais, — écrit M. Max Leclerc, — s'impose à la Grande-Bretagne la nécessité de suivre le conseil que Matthew Arnold ne cessa, pendant vingt ans, de donner à ses concitoyens : Organisez votre instruction secondaire ».

Et l'on évoque — en Angleterre, Messieurs ! — la nécessité de l'intervention de l'État en matière d'enseignement secondaire. Dans l'année 1894, une commission royale a été instituée sur la proposition de M. Arthur Auckland à l'effet de « rechercher quelles sont les meilleures méthodes pour établir dans le Royaume-Uni un système d'éducation secondaire bien organisé, en prenant garde aux insuffisances actuelles ».

Bref, à en juger par tout ce que les Anglais se proposent de faire pour leur enseignement secondaire, c'est-à-dire par tout ce qui n'est pas fait, nous devons adopter en France la conclusion de M. Max Leclerc : « De ce côté, pour nous, rien à prendre ; les maîtres anglais sont avant tout des éducateurs. »

La conclusion à tirer, Messieurs, de ces observations et comparaisons est que, sous peine de déchéance rapide, nous devons réformer notre enseignement secondaire de façon à préparer moins d'aspirants aux carrières libérales et surtout moins de candidats fonctionnaires, — ce qui, par parenthèse, mes chers collègues, facilitera singulièrement la réforme de l'administration.

M. le Rapporteur. — L'enseignement primaire lui-même fournit des candidats aux fonctions publiques.

L'enseignement secondaire n'a pas exclusivement cette spécialité.

M. Modeste Leroy. — Ce n'est pas ce que fait de mieux l'enseignement primaire, Monsieur le Rapporteur.

Soyons-en tous convaincus, quantité de fonctions disparaîtraient s'il n'y avait tant de fonctionnaires à faire avancer, et quantité de fonctions ne naîtraient pas s'il n'y avait tant de solliciteurs à placer. (*Très bien! très bien!*)

M. le Rapporteur. — Si vous voulez faire la statistique des candidats fonctionnaires de l'un et de l'autre enseignement, vous verrez que la majorité n'appartient pas à l'enseignement secondaire, bien loin de là. Ce n'est pas la faute de l'enseignement secondaire.

M. Modeste Leroy. — Il nous faut donc, nous aussi, développer l'enseignement technique, industriel, commercial et agricole.

M. le Rapporteur. — Nous sommes d'accord sur ce point.

M. Modeste Leroy. — Très bien! Mais, il ne s'agit pas ici, entendez-le bien, d'écrémer davantage... — voici maintenant que je ne vais pas faire plaisir à M. le Ministre; hélas! on ne peut faire plaisir à tout le monde (*On rit*) — ... d'écrémer davantage l'enseignement primaire supérieur pour renforcer l'enseignement technique. Qu'on le veuille ou non, la question de l'enseignement technique est liée, et par un lien indissoluble, à la question de la réforme de l'enseignement secondaire: le développement de l'instruction industrielle, commerciale, agricole, dépend de la réorganisation sur d'autres bases de l'instruction secondaire. (*Très bien! très bien!*)

Un professeur des plus consciencieux et qui a passé la moitié de son existence à étudier les divers systèmes d'instruction publique usités dans les deux mondes, M. Hippeau, avait entrevu la solution du problème. Puis, mettant en pratique la pensée de M. Hippeau, un négociant, un banquier de Bordeaux, M. Ferneuil, dans son livre *la Réforme de l'Enseignement public en France*, proposa, en 1879, un plan d'enseignement secondaire qui a été appliqué dans une toute récente expérience tentée en Angleterre, sans doute sous l'inspiration des théories de Matthew Arnold, à l'école de Bedales, celle que M. Demolins a prise comme modèle de son école des Roches. Enfin, M. Jacquemart, inspecteur général de l'enseignement technique, M. Salomé, l'apôtre de la réforme, M. Foncin, inspecteur général, M. Zévort, recteur de l'Académie de Caen, M. Jules Gautier, etc., ont été dans la suite les propagateurs de cette idée.

Elle est maintenant l'idée de M. Jules Lemaître. (*Mouvements divers.*)

M. Levraud. — Alors, il faut se méfier. (*Rires.*)

M. Modeste Leroy. — Vous voulez dire sans doute, mon cher collègue, que c'est d'un mauvais présage? Mais M. Jules Lemaître a beaucoup d'autres idées, en ce moment surtout, et, pour celle-là, il ne pourrait en tout cas prendre un brevet d'invention.

M. Ferneuil écrivait dès 1879 :

« Les études qui portent aujourd'hui le nom d'enseignement secondaire spécial deviendraient au contraire l'enseignement secondaire général, le même pour tous, sans distinction de carrière ou de profession future. Ce serait la première assise de l'enseignement secondaire envisagé comme un tout. »

Ces études empliraient l'espace de quatre ou cinq années, de façon que l'élève les eût terminées vers l'âge de quatorze ou quinze ans.

« A ce moment-là, quand les dispositions spéciales de l'enfant venant à se manifester permettent d'entrevoir la perspective d'une direction déterminée, commencerait la « spécialisation » des études. Ce serait la seconde assise de l'enseignement secondaire supérieur. Il se subdiviserait en trois ou quatre sections : l'une, par exemple, destinée aux écoles du gouvernement, la deuxième aux jeunes gens qui se préparent à la médecine, au barreau, au professorat ; la troisième répondant à l'agriculture, une autre enfin pour les futurs négociants et industriels. »

Il serait entendu, d'ailleurs, que la section des

industriels et des négociants, comme la section agricole, ne serait que générale et préparatoire.

Dès l'âge de quatorze ou quinze ans, l'enfant serait muni, moins le grec et le latin, de connaissances bien supérieures à celles que possèdent actuellement les enfants de son âge, élèves de cinquième ou de quatrième. Quittera-t-il le lycée, il pourra entrer sans crainte dans une maison de commerce, dans une usine, il n'y sera pas déplacé. Veut-il, dès maintenant, acquérir les connaissances simplement techniques du commerce et de l'industrie, il va dans une de nos écoles pratiques dont il serait alors possible peut-être, suivant le vœu de personnes compétentes, de hausser le niveau. Enfin, sa situation de fortune ou une bourse lui permet-elle de pousser plus loin son éducation générale, suivant la nature de son entendement, il restera au lycée jusqu'à la fin du second cycle de l'enseignement secondaire pour entrer à ce moment dans une école supérieure de commerce, d'agriculture ou dans une faculté de droit, de médecine, etc.

Le premier avantage de ce système serait de restituer aux études classiques, aujourd'hui si bas, n'est-ce pas, Monsieur le Directeur?...

M. le Ministre de l'Instruction publique. — Mais non!

M. le Rapporteur. — Vous commettez une erreur! ces études n'ont jamais été aussi élevées qu'à l'heure actuelle.

M. Modeste Leroy. — Monsieur le Rapporteur et Monsieur le Ministre, je suis très heureux, pour l'honneur de nos lettres, d'avoir provoqué votre protestation.

M. le Rapporteur. — Jamais le niveau des études classiques n'a été aussi élevé, et les étrangers eux-mêmes nous rendent hommage à cet égard. (*Très bien ! très bien !*)

M. Modeste Leroy. — Le premier avantage de ce système serait de restituer, dis-je, aux études classiques leur antique splendeur. Tous ceux qui les aiment d'un amour sincère — et je suis de ceux-là — devraient se réjouir de voir diminuer enfin la quantité des élèves et augmenter la qualité des études. (*Très bien ! très bien !*)

La France ne compterait pas moins de savants, de poètes, de véritables hommes de lettres.

A droite. — Il y en a trop !

M. Modeste Leroy. — Mais, d'autre part, que de jeunes gens rendus à l'agriculture, au commerce, à l'industrie, la source vraie de la fortune publique ! (*Très bien ! très bien !*)

Chaque citoyen ainsi mis en état de produire son maximum d'effet utile, quelle force nouvelle à opposer à nos concurrents ! (*Très bien ! très bien !*)

M. Édouard Vaillant. — C'est le rendement économique qu'il faut développer.

M. Modeste Leroy. — C'est pour le développer que je demande que chaque citoyen puisse produire son maximum d'effet utile.

M. Carnaud. — Dites aux capitalistes de faire d'abord leur devoir en développant l'industrie !

M. Modeste Leroy. — Le premier devoir du capitaliste, Monsieur Carnaud, c'est de donner à ceux qui n'ont pas de capital l'instruction qui peut leur être vraiment utile, et les aider, eux aussi, à acquérir ce capital. (*Très bien ! très bien !*)

Messieurs, c'est presque une banalité de répéter que la troisième République, la République définitive, a rempli sa mission éducatrice et pour le degré supérieur et pour le degré primaire.

M. Paul de Cassagnac. — En quoi est-elle définitive ?

M. Modeste Leroy. — Monsieur de Cassagnac, elle est définitive parce qu'elle est de par la volonté du pays, et ce n'est pas encore vous qui la renverserez. (*Applaudissements à gauche et au centre.*)

M. Paul de Cassagnac. — Consultez le pays ! Vous êtes obligés de faire des perquisitions tous les matins à la recherche d'un complot ! (*Rires à droite.*)

M. Modeste Leroy. — Vous voyez, Messieurs, où peut mener une discussion sur l'instruction publique en France : on en arrive à parler du renversement possible de la République.

M. Delpech-Cantaloup. — Faites-la donc consacrer par la volonté nationale et populaire.

M. Paul de Cassagnac. — Elle a du plomb dans le ventre, votre République ! (*Bruit.*)

M. Modeste Leroy. — Puisque cette expression de la République définitive a eu le don de réveiller les regrets de M. de Cassagnac, je le répète, la République définitive...

M. Paul de Cassagnac. — Ah ! non ! non ! non !

M. le Président. — Nous ne sommes pas des prophètes.

Un membre à gauche. — En tout cas, ce n'est

pas M. de Cassagnac qui renversera la République !

M. Modeste Leroy. — Il suffit que M. de Cassagnac dise qu'elle n'est pas définitive pour qu'elle soit plus solide que jamais.

M. Paul de Cassagnac. — Nous sommes tranquilles. Nous n'avons pas besoin de conspirer pour renverser la République, vous vous en chargez ! (*Bruit.*)

M. le Rapporteur. — Il y a longtemps que vous dites cela, Monsieur de Cassagnac, et la République vit encore.

M. le Président. — Mais ce n'est pas la question ! Nous sommes dans la discussion du budget de l'Instruction publique, restons-y.

Continuez, Monsieur Leroy, et ne vous arrêtez pas aux interruptions d'ordre historique. (*Très bien ! très bien ! — On rit.*)

M. Modeste Leroy. — M. le Président a raison, et, de plus, nous ne sommes pas rue de Reuilly, nous sommes à la Chambre des députés.

M. le Président. — Heureusement !

M. Modeste Leroy. — Je disais donc que la troisième République, la République définitive, a rempli sa mission éducatrice, et pour le degré supérieur et pour le degré primaire...

M. Carnaud. — Elle a à peine commencé.

M. Modeste Leroy. — Il ne nous reste plus qu'à achever, à compléter l'œuvre si merveilleusement commencée par ceux précisément qui ont fondé cette République, par les Jules Simon, les Paul Bert et les Jules Ferry. (*Très bien ! très bien !*)

L'instruction, malgré les adversaires de la République — et c'est sur cette instruction que nous comptons pour la rendre à tout jamais définitive...

M. Paul de Cassagnac. — Oui, comptez-y.

M. Modeste Leroy. — ... L'instruction s'enfonce lentement, mais sûrement dans les masses populaires; nous avons aussi une tête de nation dont la France peut être fière. Il importe maintenant de jeter un pont qui servira de trait d'union entre la démocratie qui soupire après la science et l'aristocratie d'élite qui la possède.

M. Paul de Cassagnac. — Un pont à péage ! (*Rires à droite.*)

M. Modeste Leroy. — Non pas un pont à péage, Monsieur de Cassagnac, que pourraient seuls franchir les favorisés de la fortune, mais une voie largement ouverte où les intelligences les plus diverses, les aptitudes les plus variées pourraient cheminer ensemble, se coudoyer, pour prendre chacune, à l'heure propice, la direction, l'essor que veulent leur tempérament particulier et la tournure de leur esprit. (*Vifs applaudissements à gauche.*)

M. Jourde. — C'est parfait, ce que vous dites maintenant. Seulement, il faut effacer ce que vous avez dit tout à l'heure.

M. Modeste Leroy. — Je suis très heureux de me réconcilier, dans ma péroraison, avec M. Jourde.

M. Saba. — C'est un correctif !

M. Modeste Leroy. — Quand nous aurons atteint ce résultat, que tout bon Français, quelles que soient ses affections particulières, quelles que soient ses sympathies personnelles, Monsieur de Cassagnac, doit souhaiter, alors, Messieurs, dans les batailles pour la vie nationale qui aujourd'hui ne sont plus confinées dans d'étroites frontières, mais qui s'engagent sur tous les points de la terre, nous pourrons donner à la mère patrie des serviteurs armés et capables de restaurer l'énergie française. (*Applaudissements.*)

(*Journal officiel*, numéro du 28 février 1899 : *Débats parlementaires, Chambre des députés*, p. 507 et suiv.)

LA RÉORGANISATION DE L'INSTRUCTION

(12 AVRIL 1899)

Au cours de la session d'avril 1899 du Conseil général de l'Eure, M. Modeste Leroy exposa devant cette Assemblée, sur la réorganisation de notre éducation, des idées qui furent adoptées. Ses collègues le chargèrent alors du soin de les résumer.

Il le fit dans un rapport qui fut la réponse du Conseil général de l'Eure au questionnaire qui lui avait été adressé, ainsi qu'à tous les Conseils généraux, par la Commission de la Chambre des députés chargée d'étudier la réforme de l'enseignement secondaire.

Voici ce rapport :

M. Modeste Leroy, *rapporteur*. — Messieurs, le Gouvernement, sur la demande de la Commission de la Chambre des députés qui étudie les modifications à apporter dans l'organisation de l'enseignement public, a adressé, par l'intermédiaire de M. le Préfet, un questionnaire au Conseil général, avec prière de faire connaître l'avis de l'Assemblée départementale sur les six questions comprises dans ce questionnaire.

Pour examiner les réponses qu'il y a lieu de faire aux questions posées, vous avez décidé de nommer une Commission spéciale. Le peu de temps dont nous disposons n'a pas permis à cette Commission d'approfondir les différents points qui étaient livrés à vos délibérations. Elle a dû écourter les explications dans lesquelles il lui eût fallu entrer si elle avait voulu présenter non une esquisse, mais un tableau complet de notre enseignement dans l'Eure et des réformes générales et de détail qu'il convient d'y introduire.

Le questionnaire, d'ailleurs, ne parle que de l'enseignement secondaire et des écoles primaires supérieures. Depuis 1871, en effet, la République n'a cessé de montrer sa sollicitude, de prodiguer ses efforts pour donner au pays un enseignement supérieur digne d'une grande nation. Elle a compris et suivi le conseil de Gambetta au banquet du Havre le 18 avril 1872 :

« C'est surtout quand on veut refaire l'éducation primaire qu'il faut avoir en vue la réforme de l'enseignement supérieur. » Cette réforme est aujourd'hui accomplie et brillamment accomplie. L'enseignement supérieur de la France est cité en exemple chez les autres peuples, et de plus en plus nombreux sont les étrangers qui viennent le suivre.

Le silence du questionnaire, en ce qui concerne l'enseignement primaire, ne comporte pas les mêmes conclusions. Si le Gouvernement de la République a fait beaucoup pour l'instruction populaire, il reste beaucoup à réaliser encore. L'œuvre de réorganisation, de ce côté, est loin d'être achevée. Il est bon, certes, de s'occuper de l'enseignement secondaire ; il serait meilleur de s'occuper encore, de s'occuper toujours de l'enseignement primaire, car celui-là domine tout ; il est la vie, la source même de la vie d'une démocratie ; il est la base de la République. Bien que le Conseil général, Messieurs, n'ait pas été consulté sur les améliorations qu'il y aurait lieu d'apporter à l'éducation primaire, votre Commission, outre la parcimonie du Parlement pour les créations d'emploi et les constructions d'écoles ou additions, ainsi que pour les mises à la retraite des instituteurs qui se font trop longtemps attendre, votre Commission, dis-je, croit devoir appeler l'attention sur une autre erreur, pédagogique celle-là, qui lui est signalée : c'est qu'en France l'instruction commence de trop bonne heure et surtout se termine beaucoup trop tôt dans les classes ouvrières. En Allemagne, en Angleterre, en Suisse, les bancs des écoles sont garnis de jeunes garçons et de jeunes filles de treize, quatorze, quinze et même seize ans. Chez nous, les élèves ont terminé leurs études avant leur douzième année et quittent l'école au moment presque où ils y devraient entrer, l'intelligence de l'enfant venant à peine de s'ouvrir et de venir à l'aide de la mémoire.

Quant à l'enseignement secondaire, appelés à formuler des vœux d'administration générale et de direction pédagogique, nous négligerons à dessein ce que nous pourrions appeler les considérations politiques, qui se trouvent liées par la force même des choses à toutes les questions d'enseignement public ou privé. Nous ne chercherons pas à résoudre les problèmes délicats que soulèvent la liberté de l'enseignement, le monopole universitaire, l'admission aux fonctions publiques, etc., etc.

Votre Commission, Messieurs, s'est donc bornée à examiner — et dans leur sens le plus restreint — les questions qui vous sont adressées :

Première question. — « Le Conseil général a-t-il

des observations à présenter en ce qui concerne les établissements d'enseignement secondaire du département, au point de vue de leur distribution, de leur installation, de leur régime et des résultats obtenus? »

Le département de l'Eure compte trois établissements d'enseignement secondaire universitaire : le lycée d'Evreux et les collèges de Bernay et de Verneuil. Ce dernier établissement paraît devoir être transformé dans un avenir prochain. Le lycée d'Evreux et le collège de Bernay suffiront, d'ailleurs, et amplement, pour le département de l'Eure comme établissements d'instruction secondaire. De bons esprits estiment même qu'il ne devrait y avoir qu'un seul établissement de cette nature, le lycée d'Evreux. Votre Commission, Messieurs, n'a pas osé aller jusque-là. L'enseignement secondaire libre possède trois maisons: l'école Saint-François-de-Sales, à Evreux, le petit séminaire de Pont-Audemer et l'institution diocésaine d'Ecouis, établissement à étiquette d'enseignement secondaire qui donne toute instruction que demandent les familles. Le nombre des élèves des établissements publics et libres d'enseignement secondaire de l'Eure se répartit ainsi : lycée d'Evreux, 265; collège de Bernay, 94; collège de Verneuil, 40; Saint-François-de-Sales, 256; institution d'Ecouis, 106; petit séminaire de Pont-Audemer, 95. L'enseignement secondaire privé du département a donc plus d'élèves que l'enseignement secondaire de l'État. Il convient, en effet, de faire observer que, sur 95 élèves, le petit séminaire de Pont-Audemer en prépare à peine 20 pour le sacerdoce.

« A propos de l'installation, nous constatons que presque partout l'Université s'est bornée à aménager les vieux collèges ou cloîtres ecclésiastiques. Les congrégations n'ont pas hésité, elles, à construire des établissements mieux distribués et plus confortables. Elles ne trouvent pas coûteux ces « palais scolaires » de second degré. Au point de vue de l'éducation matérielle et de l'hygiène, les congrégations religieuses se sont imposé des sacrifices que l'Etat doit consentir, s'il tient à accroître sa clientèle et à faire donner à son enseignement — dont la supériorité pédagogique est au-dessus de toute comparaison — les fruits, tous les fruits qu'il peut porter. Les institutions libres de Saint-François et de Pont-Audemer sont des établissements neufs, à installation moderne, très beaux et même attirant l'œil; les lois de l'hygiène contemporaine y sont à peu près observées. La maison d'Ecouis est un vieil établissement, mais assez bien aménagé et dans une bonne position au milieu de la plaine du Vexin. Aussi, votre Commission, Messieurs, constate-t-elle avec plaisir les améliorations que, avec le crédit de 50.000 francs (25.000 francs par l'Etat, 25.000 francs par la ville), on est en train de réaliser au collège de Bernay. Elle émet le vœu de voir aboutir le plus vite possible le projet de 500.000 francs (212.000 francs, plus une certaine quantité de terrain par la ville, le reste par l'Etat) relatif au lycée d'Evreux, pour construction neuve à la place du cloître, modification et appropriation des anciens bâtiments, agrandissement des cours, etc. L'exécution de ce projet, voté par le Conseil municipal, est urgente, on ne peut plus urgente ; car, dans certaines salles, les élèves, soit pour l'étude, soit pour la classe, sont littéralement entassés les uns sur les autres, de six heures du matin à huit heures du soir !

Pour ce qui concerne le régime, toutes nos préférences iraient à l'externat, qui permet à l'enfant de recevoir plus facilement, plus régulièrement l'instruction du collège et l'éducation de la famille. Nous ne pouvons toutefois oublier que, dans les établissements de province surtout, les parents n'habitent pas tous la ville du lycée ; la plupart, demeurant loin, sont bien obligés de mettre leur fils interne ; ils n'ont pas la liberté du choix. Nous observerons encore que l'internat a été attaqué, calomnié même, par des adversaires, des concurrents de l'Université, qui voulaient ainsi diminuer sa clientèle pour augmenter la leur. La vérité est que, pour les établissements libres aussi bien que pour les établissements de l'État, « on feint d'ignorer que l'éducation ne saurait être confinée dans le lycée ; l'œuvre des professeurs doit être fortifiée par les exemples puisés dans la famille ou la société. Or, les professeurs sont-ils toujours aidés et appuyés comme il conviendrait ? Ne voyons-nous pas un trop grand nombre de familles se désintéresser de l'éducation de leurs enfants ? Elles désirent surtout n'être pas troublées dans leurs travaux et leurs plaisirs par le souci qui devrait, pour elles, passer avant tous les autres. Et, non seulement, elles n'aident pas le professeur à guider l'enfant, mais leur influence, parfois, s'exerce à l'encontre de celle du maître ». (Discours de M. Mangin, président de la Société pour l'étude des questions d'enseignement secondaire.)

Il serait à souhaiter que le Parlement ne continuât pas à imposer, chaque année, à M. le Ministre, des suppressions de chaires et d'emplois de maîtres répétiteurs indispensables au bien-être et aux progrès des élèves ; il ne serait pas moins désirable qu'on relevât le moral et la situation des maîtres répétiteurs en leur faisant faire des cours et des interrogations, tandis que les professeurs seraient chargés de certaines surveillances et ne resteraient plus étrangers à la vie intérieure de l'établissement. Les élèves de l'École normale supérieure, avec un talent et une haute culture universellement connus et reconnus, sont trop professeurs, pas assez éducateurs. Ils se retirent, ils s'exilent volontiers dans la science. A la différence des professeurs de l'enseignement libre, les maîtres de l'Université n'ont pas, en général du moins, d'esprit politique ; — avoir un esprit politique, Messieurs, n'est pas faire de la politique ; — ils n'impriment pas une direction aux jeunes gens, leurs élèves n'ont pas d'opinion, on affecte de ne leur en pas donner. Ils sortent encore du lycée, ces élèves, remplis d'idées surannées à l'égard du commerce, de l'agriculture et de l'industrie ; ils ne voient que les professions libérales ou les places de fonctionnaires. Et ce ne sont pas les parents, en France, qui éloigneront les enfants de cette façon de comprendre ce qu'ils osent appeler « la lutte pour la vie », eux dont l'idéal et tous les efforts ont pour but d'embusquer leurs fils dans des situations qui leur permettent de la fuir, « la lutte pour la vie », si utile pour le développement de l'individu et pour la prospérité de la nation.

Sans porter atteinte à la discipline, qui est bonne dans nos établissements du département ; sans diminuer l'autorité des chefs sur les professeurs ou répétiteurs, on pourrait supprimer les rapports occultes, les notes secrètes, tous ces moyens abusifs que M. de Fontanes a empruntés à Fouché. Nous voudrions, enfin, voir réserver les décorations universitaires aux universitaires. On prodigue les palmes aux artistes (des deux sexes), la croix aux journalistes. Dans les administrations centrales, les chefs de bureaux les plus fantaisistes sont tous décorés. Mais les directeurs des services académiques, les inspecteurs, les proviseurs, les professeurs, nos vieux maîtres, enfin, n'obtiennent presque jamais ces récompenses d'honneur.

Enfin, Messieurs, aux proviseurs, il faudrait plus de liberté, plus de latitude dans l'administration, plus de bride sur le cou. Le lycée d'Evreux ne devrait pas être conduit ni administré comme celui de Marseille. Il importerait encore de débarrasser les principaux de collège des soucis trop absorbants du professorat. Ces fonctionnaires sont, avant tout, des administrateurs et aussi des directeurs d'études.

Les résultats obtenus sont excellents. Le lycée d'Evreux est un des meilleurs, sinon le meilleur, des établissements de l'Académie de Caen. Ses élèves ont de beaucoup le plus de succès dans les concours et les examens de toute nature, y compris même les exercices physiques. Le collège de Bernay tient également une place très honorable parmi les établissements de cette catégorie. Ajoutons que, si des nécessités impérieuses commandent de modifier le régime du collège de Verneuil, le personnel de cette institution a droit aussi à nos remerciements et à nos félicitations, car son existence n'aura pas été sans utilité et sans succès universitaires.

Deuxième question. — « Y aurait-il lieu de développer, de restreindre ou de modifier telle ou telle branche d'enseignement, afin de mieux répondre aux vœux et aux besoins de la région? »

De la discussion à laquelle s'est livrée votre Commission, il résulte, d'un avis unanime, la condamnation de l'enseignement moderne dont il y a lieu de demander la suppression. Il ne répond pas aux revendications exprimées au nom des intérêts contemporains ; il a tous les inconvénients de l'enseignement classique ; comme lui, il dirige notre jeunesse vers les carrières libérales et non pas vers le commerce, l'industrie et l'agriculture; comme lui, il fabrique surtout des candidats fonctionnaires. Il apprend aux enfants tout ce qui ne leur servira jamais, en dehors de cela, et il ne leur apprend pas un mot de ce qui leur servirait. C'est qu'on a eu le tort de le calquer sur l'autre; c'est qu'on a supposé, et il y eut là erreur grave, que tous ceux qui y entrent y resteraient jusqu'au bout. Or, au lycée d'Evreux, nous avons 33 élèves en sixième moderne et 5 dans la classe finale. La plus grande partie reste donc en route. N'est-ce pas la condamnation de l'enseignement moderne ?

Dans l'éducation classique, qu'ambitionnent tous

les petits Français ou plutôt tous les parents des petits Français, l'accessoire et le superflu l'emportent sur l'utile et l'essentiel ; cet enseignement donne un vernis qui flatte notre vanité, mais qui, trop souvent, est inutile — quand il n'est pas nuisible — à l'individu, et, par suite, au Pays. De là vient tout le mal, et ce mal est grand si l'on compare notre état économique actuel à la situation de prospérité d'autres nations que les statistiques d'il y a vingt-cinq ans classaient bien après nous.

Ces nations étaient alors les tributaires de notre commerce et de notre industrie. Nous sommes maintenant les leurs, sinon toujours, du moins trop souvent. « Tandis que s'élève la situation de nos rivaux, la nôtre baisse ; les gains, non seulement de l'Allemagne, mais de l'Autriche, de l'Italie, de tous, sont faits de nos pertes. Chaque année détache de nous quelques acheteurs, chaque année nous enlève la primauté dans quelque produit... C'est la décadence lente, tranquille et continue. Ce sont les jours d'automne qui se succèdent avec leurs lendemains presque semblables aux veilles, mais dont chacun, insensiblement plus court et plus sombre, conduit à l'hiver stérile la gloire féconde de l'été. » Ainsi s'exprimait, le 1er mars 1899, M. Etienne Lamy, en citant, à l'appui de sa démonstration, des chiffres tristement exacts.

Dans une région réfléchie comme la Normandie, dans un département de raisonnement précis comme l'Eure, on ne se paie pas de mots, l'imagination cède le pas à la réalité, on se rend à l'expérience. Nous ne sommes donc pas sans avoir constaté que le pays dont la puissance a pris le plus sur la nôtre, l'Allemagne, est celui qui, le premier, a vu le contre-sens que l'on commet, à cette époque de lutte économique à outrance, en s'obstinant à faire de l'instruction classique l'instruction type, l'éducation générale. L'Allemagne comptait naguère parmi les nations où l'étude du latin et du grec était le plus répandue, elle est aujourd'hui la nation qui possède le plus d'écoles de commerce et d'industrie. Et c'est du jour où elle a commencé à développer l'éducation technique, enseignement commercial et industriel, que sa prospérité a commencé à se développer.

Enfin, personne, ici, n'en doute, ce sont les conditions mêmes de la vie moderne qui font sentir le besoin d'une réorganisation de l'enseignement secondaire. L'étude du grec et du latin, le culte du beau langage, les humanités, appropriées à la société hiérarchisée d'autrefois, ne conviennent plus à la société nivelée d'aujourd'hui.

Il est possible, comme on l'a dit, que les hommes et les sociétés ne vivent pas uniquement de produits manufacturés, mais ils vivent encore moins de latin, de grec et de fonctionnaires. Les littérateurs et les poètes sont peut-être l'honneur de la France; le négociant, le cultivateur, l'industriel sont sa force. Or, il y a deux ou trois semaines, — faut-il donc rappeler toujours et toujours les mêmes choses!! — parut au *Journal officiel* un avis annonçant l'ouverture d'un concours pour vingt-cinq emplois de début à la Banque de France. Trois jours après, la liste des candidats dépassait six cents, et, depuis, le flot n'a cessé de monter !

Votre Commission est partie de cette idée primordiale qu'il faut cesser d'*uniformiser* l'enseignement secondaire, et qu'on ne saurait trop l'approprier, en le diversifiant, aux intérêts et aux vocations de la jeunesse. Elle a pensé que l'ancien enseignement secondaire spécial, composé des notions d'une espèce d'instruction primaire supérieure non professionnelle, devait devenir la base de tout notre système d'enseignement secondaire.

L'enseignement secondaire, en effet, doit se proposer deux choses : d'abord, donner à tous les connaissances que tous doivent avoir ; ensuite, y ajouter, pour chacun, les connaissances dont il a particulièrement besoin.

L'enseignement secondaire doit donc fournir, en premier lieu, une instruction générale qui sera la même pour tous, sans distinction de carrière où de profession futures, car elle comprendra des notions également indispensables à tous. Ces notions devront être assez nombreuses pour permettre aux dispositions particulières de chaque enfant de se révéler. Or, l'ancien enseignement spécial est bien près de remplir ces conditions. Outre une éducation positive et immédiatement utile, ne prouve-t-il pas une instruction complexe et variée? Toutefois, il ne répond pas à tous les besoins, puisque l'enseignement classique s'est réservé l'instruction qui prépare aux carrières dites libérales.

On commencerait donc par donner la culture générale dans un premier cycle d'études auquel on appliquerait le nom d'enseignement secondaire.

Ces études empliraient l'espace de trois ou quatre années, de façon que l'élève les eût terminées vers l'âge de quatorze ou quinze ans. A ce moment-là, quand les dispositions spéciales de l'enfant venant à se manifester permettent d'entrevoir la perspective d'une direction déterminée, commencerait la « spécialisation » des études.

Ce second cycle, celui de l'enseignement secondaire supérieur, se subdiviserait en deux ou trois sections : l'une, par exemple, destinée aux écoles du Gouvernement ; la deuxième, aux jeunes gens qui se préparent à la médecine, au barreau, au professorat ; la troisième, aux futurs agriculteurs, négociants et industriels. Mais cette instruction spéciale ne serait pas — il faut bien s'entendre sur ce point — l'enseignement professionnel. La section des industriels et des négociants, comme la section agricole, ne serait que générale et que préparatoire [1].

Si l'enfant quitte le lycée après le premier cycle de l'enseignement secondaire, il pourra sans crainte entrer dans une maison de commerce, dans une usine, il n'y sera pas déplacé, ou, s'il préfère acquérir alors les connaissances techniques, professionnelles du commerce et de l'industrie, il pourra aller dans une de nos écoles pratiques dont on pourrait et dont on devrait relever le niveau. Si sa situation de fortune ou une bourse lui permet de pousser plus loin son éducation générale, suivant la nature de son entendement, il restera au lycée

1. *Plan d'études* de M. Ferneuil (voir *supra*, p. 69 et 70).

jusqu'à la fin du second cycle de l'enseignement secondaire pour entrer à ce moment dans une école supérieure de commerce, d'agriculture, ou dans une faculté de droit, de médecine, etc.

L'enseignement classique, débarrassé de ses non-valeurs, qui le suivent parce qu'il n'y en a pas d'autre, redeviendrait plus classique, plus littéraire ; on renforcerait dans certains établissements les études grecques et latines qui meurent en ce moment d'anémie ; on pourrait encore, dans cette section purement littéraire, travailler le côté classique des langues étrangères, étudier l'allemand de Gœthe ou l'anglais de Byron.

L'enseignement classique formant ainsi une des branches de l'éducation de nos lycées et continuant à être donné dans nos collèges, il n'y aurait pas à redouter de voir nos établissements abandonnés pour ceux des congrégations.

On a reproché, d'autre part, à l'enseignement secondaire, compris comme nous l'entendons, « de considérer le vaste ensemble social, de le classer par catégories de besoins et d'adapter l'instruction à tous ces besoins ». Bref, on reproche à ce système de se servir de l'enfant au profit de la société et non pas pour le plus grand développement de l'être humain. Vous faites ainsi, ont déclaré certains esprits qui croient à la puissance éducatrice des phrases, œuvre de réaction ; on doit, ajoutent-ils, se préoccuper tout d'abord de développer toutes, absolument toutes les facultés de l'enfant jusqu'au point d'en faire, si c'est possible, un savant, un génie.

C'est là, Messieurs, ce qu'on veut bien appeler l'éducation intégrale. Le malheur est que l'on ne peut pourtant pas faire des génies de tout le monde, et en quoi n'est-ce pas être républicain que de penser que, sur les 182.000 aspirants bacheliers de notre enseignement secondaire, il y en a bien 100.000 dont les cerveaux ne sont pas adaptés à l'enseignement qui leur est donné? En quoi n'est-ce pas être démocrate que de vouloir le plus d'instruction possible pour chacun et aussi l'instruction la plus profitable possible pour chacun, ce qui, réunissant toutes ces activités individuelles, toutes ces énergies personnelles, assure l'éducation nationale la plus utile au Pays?

Vous estimerez sans doute, Messieurs, que la thèse de votre Commission est aussi républicaine, aussi démocratique et aussi attentive aux lois de la nature que celle de l'éducation intégrale donnée à tous indistinctement. Elle réalise, nous semble-t-il, la pensée du grand éducateur que fut C. Hippeau: « Si tous les enfants de la France ne peuvent parcourir dans sa totalité le cercle de l'enseignement public, ils ne pourront en faire le reproche ni à la Société, ni à l'État qui la représente. Ce qu'ils ont droit de réclamer, c'est une éducation qui, à quelque degré qu'ils s'arrêtent, soit telle qu'ils puissent en profiter et s'assurer par leur travail une honorable existence. »

Une dernière remarque : le questionnaire ne dit mot des sanctions de l'enseignement secondaire. La question du baccalauréat est passée sous silence. Depuis la loi militaire de 1889, c'est, en effet, une question secondaire. Le but qui est poursuivi dès le lycée, écrit M. Max Leclerc, n'est plus le baccalauréat, mais l'exemption de deux ans de service que le baccalauréat ne suffit plus à assurer. La loi militaire a eu pour effet inattendu, mais fatal, d'entraîner une foule de jeunes gens vers les professions déjà encombrées. Depuis cette loi, le nombre des licenciés ès lettres a presque doublé, celui des docteurs en droit a doublé! De là, une pépinière nouvelle de candidats fonctionnaires, c'est-à-dire de jeunes gens qui ne vont pas au commerce, à l'industrie, ni à l'agriculture. La loi militaire est donc ainsi venue aggraver le mal que produisait notre enseignement.

Troisième question. — « L'enseignement primaire supérieur est-il bien organisé dans le département? Y aurait-il lieu de le développer en créant de nouveaux établissements ou en transformant certains collèges? »

L'enseignement primaire supérieur est bien organisé dans l'Eure, là où il existe, mais il n'est pas assez répandu, chez nous comme ailleurs. La création de nouvelles écoles primaires supérieures et l'accroissement du nombre des bourses de l'Etat et des départements pourraient rendre les plus grands services au Pays, mais c'est à la condition expresse que ces établissements orienteront résolument leur enseignement du côté pratique et professionnel. Si leur préoccupation principale était, dans l'avenir, comme cela s'est produit dans le passé, d'augmenter l'innombrable foule des brevetés, masculins et féminins, mieux vaudrait ne rien changer à la situation actuelle. Trop de familles dirigent leurs enfants du côté de l'examen du brevet qui devrait être exclusivement réservé à ceux ou à celles qui se destinent à l'instruction. Cette fâcheuse tendance multiplie outre mesure le nombre des jeunes gens et des jeunes filles qui sollicitent vainement un poste dans l'enseignement, tandis que les années s'écoulent où d'autres carrières s'ouvriraient à eux.

Il faut qu'on cesse de venir chercher dans nos écoles primaires supérieures les moyens d'avoir accès dans les administrations publiques.

Il faut que les écoles primaires supérieures entrent dans une voie plus pratique, plus professionnelle, et, pour tout dire d'un mot, plus utilitaire. Il faut qu'elles s'occupent avant tout de former de bonnes recrues pour l'agriculture, le commerce, l'industrie, les arts mécaniques.

Il faut, enfin, ne pas oublier ces indications de Jules Ferry, dans son rapport du 29 octobre 1881 : « Les écoles primaires supérieures, écrivait-il, doivent, pour trouver le succès, s'adapter, dans toute la partie professionnelle, aux circonstances et aux nécessités locales; elles sont tenues d'acheminer leurs élèves, non pas théoriquement vers toutes les professions, mais positivement vers celles auxquelles les prédestine le milieu natal. C'est à ce prix que nos écoles primaires supérieures conserveront et verront croître de jour en jour la juste popularité qui les entoure. »

L'arrêté ministériel du 17 septembre 1898 et la circulaire du 23 octobre suivant ont modifié, — mais pas encore assez, il s'en faut de beaucoup, —

l'examen du certificat d'études primaires supérieures. La réforme tend à fortifier les études qui prépareront plus spécialement au commerce, à l'industrie, à l'agriculture. Mais il est à souhaiter que cette circulaire ne soit pas seulement une circulaire. Sans doute, les adolescents qui sortiront de l'école primaire supérieure, telle que nous la désirons, ne seront, après trois années d'études, ni des commerçants, ni des industriels, ni des cultivateurs consommés; mais, du moins, ils auront l'esprit ouvert aux notions commerciales, industrielles ou agricoles; ils goûteront mieux les charmes du travail manuel.

Dans le département de l'Eure, on compte deux écoles primaires supérieures : celle de Gisors, avec 31 élèves; celle de Louviers, avec 57 élèves. D'autre part, il y a des cours complémentaires : à Nonancourt ; garçons, 17; filles, 18; à Vernon; garçons, 21; filles, 36; à Gisors; filles, 23; à Pont-Audemer; garçons, 15; filles, 21.

Il y aurait lieu de compléter l'enseignement primaire supérieur du département en installant dans les vingt chefs-lieux de canton les plus importants, peut-être même dans tous, des cours complémentaires. Ils compteraient deux années d'études. Ces cours complémentaires auraient pour clientèle les fils de cultivateurs et de petits commerçants du canton qui, après deux années d'études complémentaires, rentreraient dans leur famille. Des *cours accessoires*, répondant plus particulièrement aux besoins de la contrée, seraient organisés dans ces cours complémentaires. Le ministre a prévu l'organisation de ces cours accessoires. (Décret du 18 janvier 1887.)

Il conviendrait de créer une école primaire supérieure dans tous les chefs-lieux d'arrondissement, sauf ceux où il existe un collège.

Il conviendrait, encore, de transformer le cours complémentaire de Pont-Audemer en école primaire supérieure comprenant une *section commerciale*. Dans cette ville il n'y a actuellement, comme école de second degré, qu'un petit séminaire qui s'est transformé peu à peu en école secondaire libre avec cours classique et moderne. Ses élèves se recrutent dans la classe moyenne. Son enseignement essaie, sans y parvenir, de se mettre en rapport avec les besoins de la clientèle laborieuse à laquelle il s'adresse. Une école primaire supérieure, avec section commerciale, à Pont-Audemer, aurait pour clientèle les fils des cultivateurs et des herbagers des environs, et aussi cette foule de jeunes gens dont les parents exercent un petit commerce et veulent, en attendant que leurs fils soient en âge de travailler avec eux, leur procurer, jusqu'à leur quinzième ou seizième année, une instruction un peu plus large, un peu plus complète, que celle dont l'école primaire élémentaire a pu les munir. C'est cette instruction plus solide que les jeunes gens dont il s'agit vont demander, à l'heure actuelle, au petit séminaire de Pont-Audemer.

Votre Commission, Messieurs, le conseiller général de Verneuil entendu ainsi que M. l'Inspecteur d'académie, a été d'avis de transformer le collège de Verneuil en école primaire supérieure contenant une *section agricole* et une *section industrielle*, ou bien en école pratique de commerce et d'industrie avec *section agricole* et professeur spécial d'agriculture.

Le collège de Verneuil n'est plus maintenant qu'un collège « dégénéré », il ferait mieux de devenir « une école perfectionnée ». Les fils de cultivateurs des environs, et d'un autre côté les fils des commerçants de la ville, au lieu d'être comme quelques-uns, à cette heure, désorientés, désarmés au sortir du collège, se trouveraient en état d'entrer de plain-pied dans la carrière du travail avec des ressources et des facilités nouvelles. Le collège, par les idées ambitieuses qu'il leur inspire, les détourne trop souvent des carrières productives.

Peut-être aussi devrait-on organiser à l'école primaire supérieure de Louviers une section industrielle (tissage et filature) qui serait surtout destinée à des externes désireux d'entrer, à leur sortie de l'école, dans les manufactures de la ville. Il n'existe à Louviers aucune école d'apprentissage. Cette section industrielle annexée à l'école primaire supérieure pourrait en tenir lieu.

Nous estimons qu'il serait bon d'orienter l'enseignement des langues vivantes dans les écoles primaires supérieures, — et pour notre région c'est l'anglais qui convient le plus, — dans un sens pratique, et de multiplier pour les bons élèves les bourses de séjour à l'étranger.

Enfin, il serait de toute nécessité que les directeurs et les directrices fussent désignés par l'inspecteur d'académie dans le personnel du département et que le brevet supérieur fût considéré comme un titre suffisant pour être appelé à ces fonctions.

Quatrième question. — « Sous quelle forme, en dehors des bourses, les départements pourraient-ils s'intéresser à l'enseignement secondaire ? Devraient-ils être autorisés à entretenir des établissements d'enseignement secondaire, avec ou sans le concours de l'Etat ? Serait-il désirable, à ce point de vue, que certains lycées fussent transformés en établissements départementaux subventionnés par l'Etat ? »

Toute cette quatrième question dépendant de la solution du vaste problème de la décentralisation, votre Commission a jugé qu'elle ne pouvait répondre d'une manière ferme et précise. Il y a, en outre, le côté financier de la question qui soulève des difficultés que nous n'avons le droit ni le loisir de trancher. Mais, il ne faudrait pas que cette réforme fût prétexte à l'Etat pour se décharger sur le département de frais et charges qui lui incombent.

Certes, la décentralisation est à souhaiter pour l'enseignement autant que pour l'administration, et il ne nous déplairait pas de voir des lycées devenir plus ou moins départementaux. Mais à quelles conditions ? suivant quelles règles ? Voilà ce qu'au préalable on doit établir avant de répondre à cette quatrième question.

Le département de l'Eure ne voit en ce moment d'autre moyen de s'intéresser à l'enseignement secondaire que par la subvention qu'il pourrait accorder à certains cours spéciaux.

Cinquième question. — « Le Conseil général ne devrait-il pas être consulté sur les traités passés par l'État avec les villes, en ce qui concerne les collèges communaux? »

Il ne pourrait qu'être utile que le Conseil général fût consulté sur les traités passés par l'État avec les villes, en ce qui concerne les collèges communaux.

Sixième question. — « Le Conseil général ne devrait-il pas être saisi, chaque année, par le préfet, d'un rapport de l'inspecteur d'académie sur le fonctionnement et les résultats de l'enseignement secondaire dans le département et être invité à présenter les observations qui lui sembleraient utiles dans l'intérêt de ce service? »

Les rapports annuels de l'inspecteur d'académie sur la situation des établissements d'enseignement secondaire du département devraient être soumis à l'examen du Conseil général.

Telles sont, Messieurs, les réflexions qu'a suggérées à la Commission et à son rapporteur le questionnaire qui nous a été soumis. Nous n'avons pas la prétention de donner une solution au problème complexe qui est posé devant notre Assemblée départementale et qui préoccupe à cette heure tous les citoyens de France.

Mais, votre Commission sera récompensée de ses efforts et de son travail si elle a la joie de constater que le Conseil général de l'Eure a contribué de façon effective à la grande œuvre scolaire, à la mission éducatrice entreprise et poursuivie sans relâche depuis trente ans par le Gouvernement de la République.

(*Procès-verbal des délibérations du Conseil général de l'Eure.* Session d'avril 1899, p. 117 et suiv.)

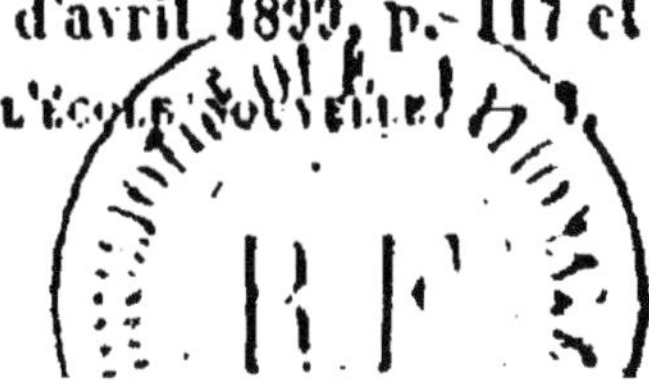

TRANSFERT AU MINISTÈRE DU COMMERCE DES ÉCOLES NATIONALES PROFESSIONNELLES

DÉPENDANT ENCORE DU MINISTÈRE DE L'INSTRUCTION PUBLIQUE

(24 NOVEMBRE 1899)

Au cours de la discussion du budget du Ministère du Commerce et de l'Industrie pour l'exercice 1900, M. Modeste Leroy présenta au chapitre 15 (Écoles pratiques de Commerce et d'Industrie — Personnel), un amendement tendant à augmenter le crédit de 100.000 francs.

Cette augmentation de crédit tendait au transfert au Ministère du Commerce des écoles nationales professionnelles de Voiron, Armentières, Vierzon et Nantes, transfert qui avait été déjà réclamé l'année précédente par M. Modeste Leroy.

Voici en quels termes M. Modeste Leroy soutint cet amendement, dont il accepta le renvoi à la Commission du budget :

M. Modeste Leroy. — Messieurs, dans la séance du 8 février dernier, sur ce même chapitre 15 du budget du commerce pour l'année 1899, je déposais un amendement tendant à augmenter le crédit de 340.000 francs.

« Cette somme, ajoutait l'amendement, est transportée des chapitres 50 et 52 du budget du Ministère de l'Instruction publique, pour le transfert au Ministère du Commerce des écoles nationales professionnelles de Voiron, Vierzon, Armentières et Nantes. »

Quelque temps après, dans la séance du 30 mars, lors de la discussion de la loi de finances, je soumettais à la Chambre une disposition additionnelle ainsi conçue :

« Les écoles nationales professionnelles de Voiron, d'Armentières, de Vierzon et de Nantes relèveront, à l'avenir, du Ministère du Commerce, de l'Industrie, des Postes et des Télégraphes, auquel elles seront transférées par décret avec les crédits affectés à leur entretien et actuellement inscrits aux chapitres 50 et 52, paragraphe 2, du budget du Ministère de l'Instruction publique.

« Le personnel enseignant en fonctions bénéficiera de garanties analogues à celles que lui assuraient pour le traitement, les indemnités, l'avancement, la retraite et la discipline, les lois des 30 novembre 1886, 18 juillet 1889 et 25 juillet 1893. »

Messieurs, l'amendement que j'ai l'honneur de déposer aujourd'hui avec mes collègues MM. Arthur Groussier, Gaston Menier, Henri Laniel, Jules-Louis Breton (Cher) et Laroche-Joubert, est presque identiquement le même que celui de l'année dernière. Toutefois, au lieu d'indiquer une augmentation de 340.000 francs, j'indique cette année une augmentation de 400.000 francs, parce qu'au chapitre 50, aujourd'hui chapitre 64 du budget du Ministère de l'Instruction publique, je joins le chapitre 52, aujourd'hui 66 du même budget de l'Instruction publique (bourses aux écoles nationales professionnelles), qui, par voie de conséquence, devrait également être transporté au chapitre 13 du budget du Commerce.

Je fais encore observer à mes collègues, gardiens très vigilants, on le sait, gardiens même avares des deniers des contribuables, qu'il ne s'agit pas ici d'une dépense nouvelle, mais simplement — je l'ai déjà dit, mais je tiens à le répéter — du transport d'un chapitre du budget de l'Instruction publique au budget du Commerce, en d'autres termes du transport d'un crédit d'un ministère à un autre ministère.

J'arrive à une dernière observation préalable, et qui peut avoir son importance.

La disposition additionnelle que j'ai défendue ici en mars dernier fut, il est vrai, renvoyée par la Chambre à la Commission de l'enseignement. Mais, vous vous le rappelez, Messieurs, c'était le dernier jour de la discussion, hélas ! trop longue, d'un budget, hélas ! trop tardif ! (*On rit.*)

La Chambre voulait en finir et elle adopta ce parti comme une de ces solutions que, dans les circonstances pressées, on est heureux de saisir au vol, parce que, ne compromettant rien, elles réservent tout. (*Très bien ! très bien !*)

Du reste, Messieurs, si, pour réaliser cette réforme, vous attendez la décision de la Commission de l'enseignement sur ce point un peu bien spécial pour l'œuvre qu'elle a entreprise et qui ne rentre que de très loin dans son programme. (*Mouvements divers.*)

M. Levraud. — Elle n'y rentre pas du tout !

M. Modeste Leroy. — Vous risquez fort de ne la réaliser de longtemps, c'est-à-dire de ne la réaliser jamais. (*Applaudissements sur divers bancs.*)

L'enseignement technique primaire français, dans lequel rentrent les quatre écoles nationales d'Armentières, de Vierzon, de Voiron et de Nantes, est né, vous le savez, de l'introduction du machinisme dans l'atelier et de la suppression à peu près complète de l'ancien apprentissage.

L'Exposition universelle de 1867 et surtout celle de 1878 ayant témoigné de la décadence de notre production manufacturière...

M. Alexis Muzet. — C'est exagéré.

M. Modeste Leroy. — Des industriels éminents, des économistes avisés poussèrent un cri d'alarme. C'est de ce mouvement qu'est sortie la loi du 11 décembre 1880, qui, fondant officiellement en quelque sorte l'enseignement technique, plaça les écoles professionnelles du degré primaire sous la double autorité et du Ministre de l'Instruction publique et du Ministre du Commerce.

Les écoles nationales professionnelles dont je parle, c'est-à-dire les « écoles nationales d'enseignement primaire supérieur et professionnel, préparatoire à l'apprentissage », car c'est ainsi que la loi les désignait, résultèrent de cette collaboration. Puis, vint la loi fondamentale du 26 janvier 1892, loi de finances, Messieurs, dont l'article 69 est ainsi conçu :

« Les écoles primaires supérieures professionnelles, dont l'enseignement est principalement industriel ou commercial, relèveront à l'avenir du Ministère du Commerce et de l'Industrie, auquel elles seront transférées par décret. »

Pourquoi et comment, après cette loi, après la volonté si clairement exprimée du législateur, les écoles nationales professionnelles dépendent-elles aujourd'hui encore et du Ministère de l'Instruction publique et du Ministère du Commerce? Voilà la question, Messieurs, la vraie question. (*Très bien! très bien!*)

M. Buisson, alors directeur de l'enseignement primaire, définissait pourtant ainsi le rôle de ces écoles :

« Ce sont des groupes scolaires comprenant l'école maternelle, l'école primaire élémentaire, l'école primaire supérieure et, à tous ses degrés, l'enseignement professionnel allant progressivement depuis les premières années, où il n'est presque rien, jusqu'au dernier semestre où il est tout. Ces trois écoles sont donc des établissements de préparation à la vie ouvrière et industrielle. »

D'autre part, l'une de ces écoles, l'école d'Armentières, dans son prospectus, prend grand soin d'indiquer que « cette école se distingue des écoles ordinaires par le développement qu'y prennent le maniement des outils, l'étude et la conduite des machines, les exercices de dessin et de modelage, les manipulations chimiques... Elle forme des artisans habiles et éclairés, des contremaîtres ingénieux, des chefs d'atelier, élite de la population ouvrière ».

Et en effet, Messieurs, si vous lisez le programme

des études, vous constatez que l'enseignement y est avant tout professionnel, et que, de jour en jour, il tend à devenir de plus en plus et presque exclusivement technique.

La situation actuelle des écoles nationales est donc, vous le voyez, en contradiction formelle avec le texte de l'article 69 de la loi de 1892.

Le but que poursuit mon amendement est précisément de mettre fin à cette violation de la loi, et je ne saurais trop appeler votre attention pour faire au moins respecter la volonté du Parlement. (*Applaudissements.*)

N'apercevez-vous pas tout de suite les inconvénients, les effets néfastes de cette dualité de direction ?

Comment mettre d'accord deux administrations françaises ? Les ministres pourraient s'entendre, — avec qui M. Leygues ne s'entend-il pas ? (*Sourires*) — mais leurs bureaux, jamais, car, pour s'entendre, il faut faire une concession ; or, ni l'une ni l'autre des deux administrations n'y veut consentir : ce serait une *capitis diminutio*.

« Du reste, m'écrivait jadis un inspecteur de mes amis, vous ne pouvez imaginer tous les inconvénients qui résultent du *condominium* établi par la loi de 1880. La direction des écoles nationales est des plus pénibles, pour ne pas dire impossible ; on s'y use, on travaille inutilement, et rien n'aboutit, rien, pas même la confection des règlements, pas même la nomination du personnel ; tout esprit d'initiative est banni, on piétine sur place. »

Et de fait, Messieurs, toutes les communications

des directeurs passent d'abord par l'inspecteur d'académie, puis par le recteur, enfin par le Ministère de l'Instruction publique, qui alors demande l'avis du Ministère du Commerce, mais quelquefois quinze jours après que la décision a été prise, ainsi que nous le rappelait, l'année dernière, M. Maruéjouls, un ancien ministre du Commerce. Bref, il faut compter un délai minimum de trois mois pour arriver à obtenir une solution, quand on l'obtient, car le plus souvent, faute de s'entendre, on ne décide rien du tout. (*Très bien! très bien!*)

Au surplus, élevant le débat au-dessus de ces détails administratifs qui ont bien leur importance, leur très grande importance, l'enseignement technique français, depuis son origine, a subi une évolution d'ailleurs inévitable consacrée par la loi de 1892 et qui a été suivie par d'autres nations, nos rivales économiques, par la Suisse, par l'Allemagne, et même par l'Angleterre, où cependant il ne fait que naître.

Notre enseignement technique a été de moins en moins général et théorique, c'est-à-dire de moins en moins instruction publique, pour devenir de plus en plus spécial et professionnel, de plus en plus pratique, par conséquent technique, c'est-à-dire Ministère du Commerce.

Aussi les quatre écoles nationales professionnelles d'Armentières, de Vierzon, de Voiron et de Nantes sont-elles à cette heure les seuls — vous m'entendez — les seuls établissements d'enseignement réellement technique qui dépendent encore du Ministère de l'Instruction publique, et le Ministère du Commerce a dans ses attributions le Conservatoire national des arts et métiers, l'École centrale, les Écoles nationales d'arts et métiers, les Écoles supérieures de commerce, toutes les écoles pratiques de commerce et d'industrie, l'École de Besançon, l'École de Cluses, l'École de Dellys, etc., tous les établissements ou cours privés d'enseignement technique au nombre de plus de deux cents. (*Très bien! très bien!*)

C'est ce groupement qui a été adopté en Allemagne depuis un certain nombre d'années. Le chancelier de l'Empire, alors le prince de Bismarck, a considéré « qu'il y avait intérêt — ce sont ses termes mêmes — à placer tout l'enseignement professionnel sous l'autorité du Ministre du Commerce, qui est mieux placé que le Ministre de l'Instruction publique pour connaître les besoins du commerce et de l'industrie, et pour donner à cet enseignement spécial la direction qui convient ».

Eh bien! Messieurs, je vous le demande, le prince de Bismarck, une fois de plus, n'a-t-il pas raison? Pour diriger les études d'enseignement professionnel, a-t-on besoin d'être un pédagogue distingué?

M. Levraud. — Certainement! C'est indispensable!

M. Modeste Leroy. — Non, Monsieur Levraud; on a plus besoin d'un homme pratique que d'un homme érudit. (*Très bien! très bien!*)

Voici, d'autre part, ce qu'un étranger encore, un Suisse, qui a pris une large part au développement de l'éducation professionnelle de son pays, écrivait à une date récente :

« L'enseignement technique de France, bien que né depuis quelques années seulement, commence à faire très bonne figure. On observe encore, il est vrai, une légère confusion dans son organisation. On ne sait pas, par exemple, comment classer les écoles dites nationales professionnelles. Mais ces écoles, m'a-t-on affirmé, auront d'ici peu une situation définie ; elles ne dépendront plus que du Ministère du Commerce. Ce sera un pas vers la simplification, c'est-à-dire vers le progrès de l'enseignement technique, qui alors produira à nos voisins plus et mieux. » (*Bruit.*)

Messieurs, je vous demande pardon de retenir si longtemps votre attention, mais je croyais, discutant cette question, intéresser la Chambre, non pas par le talent que je n'ai pas, mais par l'intérêt même de la question.

Plusieurs membres. — Vous êtes beaucoup trop modeste !

M. Modeste Leroy. — Messieurs, on me fait une interruption à laquelle je suis un peu habitué ; on me dit que je suis modeste. Eh bien, je vous demande de l'être dans vos conversations. (*Rires.*)

M. Henri Laniel. — Vous vous méprenez ; ce que l'on a dit n'était pas un mot : c'était très sincère.

M. Modeste Leroy. — Les inconvénients que signalait cet étranger n'ont pas été, vous le pensez, sans frapper nos divers ministres du Commerce ; M. Rouvier, M. Mesureur, M. Maruéjouls, M. Boucher l'ont dit ici ou ailleurs.

M. Maurice Rouvier. — Ils n'ont pas changé d'avis.

M. Modeste Leroy. — Et l'année dernière, l'honorable M. Delombre, Ministre du Commerce, faisait à la tribune cette déclaration :

« Je m'efforcerai de me mettre d'accord avec mon collègue de l'Instruction publique pour réaliser une réforme si intimement liée aux progrès de l'enseignement professionnel dans ce pays. »

C'était la parole de M. le Ministre du Commerce de l'année dernière; je crois que ce sera tout à l'heure la parole du Ministre du Commerce de cette année. Je n'imagine pas que M. Millerand qui, hier, donnait son approbation à la proposition de M. l'abbé Lemire de faire un Ministère du Travail, vienne ici combattre la proposition que je soumets à la Chambre ; car, s'il y en a une qui soit exclusivement dans l'intérêt des travailleurs, c'est bien celle que j'ai l'honneur de soumettre à votre délibération, et M. Millerand, ministre républicain d'un Ministère dont l'objet principal et unique, -- et ce sera son honneur, — est d'être un Ministère de défense républicaine (*Applaudissements à gauche*), a compris que la meilleure défense républicaine que puisse pratiquer ce Ministère est de faire des lois utiles et devant profiter à ceux-là qui sont la force de la République, c'est-à-dire les classes laborieuses. (*Nouveaux applaudissements.*)

Voilà pourquoi, Messieurs, après avoir eu l'an dernier l'approbation et l'appui du Ministre d'alors, M. Paul Delombre, je suis certain que j'aurai cette année l'appui et l'approbation de M. Millerand.

A l'extrême gauche. — C'est la concentration !

M. Modeste Leroy. — Je désire plus que la concentration, car la réforme que je sollicite est de ces réformes où il devrait y avoir unanimité. (*Très bien! très bien!*)

Or, depuis l'année dernière, depuis ces paroles encourageantes du Ministre, malgré le désir réel de M. Delombre...

M. Paul Delombre. — Absolument!

M. Modeste Leroy. — ... Et du Ministre actuel, d'aboutir, rien de décisif n'a été fait, et permettez-moi d'ajouter, Monsieur Millerand, que, sans un vote catégorique de la Chambre, rien ne sera fait. Vous seuls, mes chers collègues, pouvez, en manifestant votre volonté d'une façon définitive et formelle, mettre fin à une situation anormale autant que déplorable et regrettable. (*Très bien! très bien!*) Vous n'avez, Messieurs, qu'à exiger — vous entendez bien, c'est votre droit et votre devoir, — l'application de l'article 69 de la loi de 1892. Vous donnerez ainsi à l'enseignement technique l'unité de direction sans laquelle il n'y a pas d'administration possible, — et vous êtes tous des hommes de gouvernement, car aujourd'hui, qui ne l'est pas avec M. Millerand? (*Sourires*) — sans laquelle tous les efforts, si louables et si sincères soient-ils, demeurent stériles ou ne produisent que des résultats incomplets. Vous contribuerez ainsi à instituer un enseignement technique vigoureux, dont nous avons besoin plus que jamais à cette heure critique pour l'industrie française, alors que les luttes économiques entre les nations deviennent chaque jour plus difficiles et plus âpres. (*Applaudissements.*)

M. le Président. — La parole est à M. le Président de la Commission de l'enseignement.

M. Ribot, *président de la Commission de l'enseignement.* — Messieurs, permettez-moi une simple observation, puisque la Commission de l'enseignement a été mise en cause par notre honorable collègue, M. Modeste Leroy. (*Parlez ! parlez !*)

Il est parfaitement exact qu'au cours de la discussion du budget de 1899 la Chambre a renvoyé à l'examen de la Commission de l'enseignement l'amendement de l'honorable M. Modeste Leroy. La Commission s'est préoccupée immédiatement de déférer au désir exprimé par la Chambre, et elle a demandé à M. le Ministre de l'Instruction publique de lui fournir les documents nécessaires et de lui donner l'avis du Gouvernement. Nous avons reçu des notes dans lesquelles le Ministère de l'Instruction publique établissait que les écoles dont il s'agit fonctionnent dans des conditions très satisfaisantes et se déclarait tout à fait opposé à leur transfert au Ministère du Commerce. Nous devions cependant entendre le Gouvernement. Il est, en effet, de bonne règle parlementaire qu'un Ministère ne se compose pas de ministres tirant chacun de son côté et ayant chacun une opinion personnelle ; un Ministère doit avoir une opinion collective. (*Très bien ! très bien ! au centre.*)

Nous avons donc demandé à M. le Ministre de l'Instruction publique de se mettre d'accord avec M. le Ministre du Commerce pour apporter non pas son avis personnel, mais l'avis du Gouvernement. Nous attendons encore cet avis.

Si la Chambre veut trancher la question qui lui est soumise au cours de cette discussion, la Commission de l'enseignement, je n'ai pas besoin de le dire, n'y fait aucune objection; mais peut-être conviendrait-il de prendre au préalable, comme je le disais, l'avis du Gouvernement. La meilleure solution serait donc, suivant moi, de renvoyer dans ce but l'amendement à la Commission du budget. (*Très bien! très bien!*)

M. le Ministre du Commerce. — Messieurs, ce n'est pas seulement pour rester fidèles aux traditions que les Ministres successifs du Commerce ont été tous d'avis que les écoles nationales professionnelles devraient être rattachées à l'enseignement technique qui dépend actuellement du Ministère du Commerce, c'est parce que ces établissements sont en effet des écoles d'enseignement technique et que dès lors la question à trancher se posait ainsi : ou bien, puisque l'enseignement technique a été rattaché au Ministère du Commerce, envoyer ces écoles-là où est l'enseignement technique ; ou, au contraire, prendre une décision de principe, enlever l'enseignement technique au Ministère du Commerce et le reporter au Ministère de l'Instruction publique.

Voilà pourquoi, jusqu'à présent, tous les Ministres du Commerce, y compris le titulaire actuel, ont soutenu la même thèse.

M. le Ministre de l'Instruction publique n'a pas jusqu'à présent été convaincu.

L'honorable M. Ribot disait avec infiniment de raison que, dans cette occasion, le Gouvernement devait formuler son opinion.

Je demande donc à la Chambre de vouloir bien accueillir la proposition qui lui a été faite et d'ordonner le renvoi de l'amendement de M. Leroy à la Commission du budget. Cette procédure permettra au Ministre de l'Instruction publique comme au Ministre du Commerce — si la Commission du budget le désire — de fournir devant elle des explications. La Commission du budget pourra ensuite apporter devant la Chambre un avis motivé.

En procédant ainsi, je me hâte de le dire, on ne compromet en rien la solution qui doit intervenir; il n'est même pas nécessaire de réserver le chapitre sur lequel on discute en ce moment; il suffira, si la Commission du budget et la Chambre se rallient à la proposition de M. Modeste Leroy, d'inscrire au budget du Commerce un chapitre 15 *bis* où figurera le crédit détaché du Ministère de l'Instruction publique et reporté au Ministère du Commerce. (*Applaudissements.*)

Je demande donc à la Chambre, d'accord avec la Commission de l'enseignement et au nom du Gouvernement, d'accepter le renvoi à la Commission du budget. (*Très bien! très bien!*)

M. le Président. — La parole est à M. le Président de la Commission du budget.

M. Mesureur, *président de la Commission du budget.* — La Commission du budget accepte le renvoi. Il n'est pas douteux que la Chambre et la Commission du budget aient une grande sympathie pour la proposition de M. Modeste Leroy ; mais on comprendra aisément qu'il n'est pas possible de trancher la question qu'elle soulève avant d'avoir entendu le Ministre de l'Instruction publique. Ce n'est donc, Messieurs, qu'après avoir entendu M. le Ministre de l'Instruction publique que la Commission du budget vous soumettra un rapport qui vous permettra de statuer définitivement sur la proposition de M. Modeste Leroy. (*Très bien! très bien!*)

M. Maurice Rouvier. — Le renvoi est de droit.

M. le Président. — Le renvoi, étant demandé par la Commission, est, en effet, de droit; mais, avant de le prononcer, je donne la parole à l'auteur de l'amendement.

M. Modeste Leroy. — J'aurais mauvaise grâce à insister après les paroles encourageantes de M. le Ministre du Commerce. Il a manifesté une opinion conforme, je puis le dire, à la jurisprudence du Ministère du Commerce. Je n'en suis pas surpris et je l'en remercie; mais ce qui me détermine encore à accepter le renvoi, ce sont les paroles tout aussi favorables de M. le Président de la Commission du budget, qui s'est souvenu qu'il avait été Ministre du Commerce et de l'Industrie. Devant l'accueil si sympathique que vient de recevoir ma proposition, je me range à l'avis de M. le Ministre, ainsi qu'à celui de M. le Président de la Commission du budget. (*Très bien! très bien!*)

(*Journal officiel*, numéro du 25 novembre 1899 : *Débats parlementaires, Chambre des députés*, p. 1929 et suiv.)

NÉCESSITÉ ET UNITÉ DE L'ENSEIGNEMENT TECHNIQUE

(30 JANVIER 1900)

Au cours de la discussion du budget du Ministère de l'Instruction publique pour l'exercice 1900, M. Modeste Leroy présenta au chapitre 64 un amendement par lequel, en demandant pour la troisième fois le transfert des écoles nationales professionnelles au Ministère du Commerce, il voulait surtout, d'une part, montrer la nécessité, pour notre pays, d'avoir une éducation qui soit réellement l'éducation pratique, et, d'autre part, réaliser l'unité de l'enseignement technique.

Il défendit cette idée dans un discours qui lui fit obtenir enfin gain de cause, puisque, malgré l'énergique résistance de M. le Ministre de l'Instruction publique, son amendement fut adopté par 267 voix contre 231.

M. Modeste Leroy. — Messieurs, j'aurais été heureux, avant de monter à la tribune, d'entendre la parole du Gouvernement; — je ne dis pas l'opinion, car je la connais; — j'aurais voulu, ou tout au moins désiré répondre aux arguments de M. le Ministre de l'Instruction publique. Pour l'ordre et la clarté de la discussion, cela eût été préférable.

M. le Ministre de l'Instruction publique. — Je répondrai à vos arguments!

M. Modeste Leroy. — Ce n'est pas la même chose.

Je n'ai pas votre éloquence, Monsieur le Ministre, et vous laisserez la Chambre sous le charme, dangereux pour ma thèse, de votre parole. (*Très bien! — On rit.*)

D'autre part, ayant par deux fois déjà soumis à la Chambre cette proposition de réforme et étant intervenu jusqu'à trois et même quatre fois pour la soutenir, j'hésitais à prendre la parole; mais tout à l'heure, en entendant M. Levraud, je n'ai pu m'empêcher de la demander.

Et pourtant l'argumentation de notre collègue me rend la tâche particulièrement facile.

Si j'ai bien saisi la conclusion de ses observations, il est, en somme, l'ennemi de l'enseignement technique...

M. Levraud. — Mais en aucune façon!

Je connais ce procédé de discussion qui consiste à faire dire à un adversaire le contraire de ce qu'il a dit.

J'ai fait l'éloge de l'enseignement technique et professionnel sous toutes ses formes; et vous commencez votre discours en me présentant comme l'adversaire de cet enseignement! Ne dites pas cela.

M. Modeste Leroy. — Alors, Messieurs, notre honorable collègue M. Levraud a une façon spéciale de comprendre l'enseignement technique. Pour lui, si je ne me trompe — et je ne crois pas me tromper — il ne faut pas, dans une démocratie, diminuer la culture générale au profit de l'enseignement technique et manuel; pour lui, il convient, d'abord et avant tout, d'augmenter encore et toujours l'instruction, c'est-à-dire l'instruction littéraire ou scientifique ; quant à l'éducation professionnelle, elle ne doit venir qu'ensuite, et presque en accessoire ; bref, il faut être bachelier avant de devenir menuisier. (*Exclamations sur divers bancs à gauche et à l'extrême gauche. — Très bien! très bien! au centre et à droite.*)

M. Levraud. — Mais non ! je n'ai pas dit cela !

M. Modeste Leroy. — J'exagère peut-être la forme de la pensée...

M. Levraud. — Légèrement !

M. Modeste Leroy. — ... Mais c'est bien le raisonnement de M. Levraud, et c'est par cette exagération que je veux le faire comprendre. (*Très bien! très bien! au centre. — On rit.*)

Dans ces conditions, ma réponse à un adversaire de l'enseignement technique, ou à un orateur qui défend l'enseignement technique d'une manière aussi inattendue, ma réponse, dis-je, sera brève. J'en ai fini avec M. Levraud. (*Très bien! très bien! sur divers bancs. — On rit.*)

M. Levraud. — Tant mieux ! (*Nouveaux rires.*)

M. Modeste Leroy. — Tout à l'heure, M. Groussier, en un discours que je n'hésite pas à qualifier d'excellent (*Ah! ah!*), oh ! excellent... évidemment, puisqu'il soutient la thèse que je défends, et que j'ai une raison pour trouver cette thèse elle-même excellente (*On rit*), mais excellent aussi parce que, plaidant cette cause, M. Groussier applique les principes dont se réclame son parti. La réforme que nous demandons, M. Groussier et moi, est une réforme avant tout et par-dessus tout démocratique. (*Très bien! très bien!*)

M. le Ministre de l'Instruction publique. — C'est le contraire !

M. Levraud. — Je crois, quant à moi, que ce que je demande est plus démocratique.

M. Modeste Leroy. — Je répète que cette réforme est avant tout et par-dessus tout démocratique. Le parti socialiste devrait être dans cette question tout entier derrière M. Groussier, et tous les républicains, d'une façon générale, ne peuvent que s'associer à cette proposition. En la déposant, nous sommes utiles, effectivement utiles à la classe laborieuse ; ce n'est pas une parole, c'est un acte.

Il s'agit de savoir si un travailleur sera plus heureux, aura la vie plus facile et mieux facilitée en ayant dans les mains un métier dont il usera avec intelligence et méthode, que s'il a simplement à son service de grandes phrases. (*Applaudissements au centre et sur divers bancs.*)

Je ne reprendrai donc pas les idées du discours de M. Groussier ; je le ferai d'autant moins qu'il a, comme moi, été obligé de faire par avance des réponses à des objections, qu'il ne pouvait que prévoir, et que ses réponses n'ont pas encore eu l'honneur de la réplique de M. le Ministre.

Cependant il est une de ces objections que je dois retenir, parce qu'elle est la principale que tout à l'heure nous opposera M. le Ministre.

La voici :

Que reprochez-vous aux écoles professionnelles nationales? Est-ce que, depuis quelques années, ces écoles n'ont pas progressé d'une façon incontestable ?

Je le reconnais, Messieurs, mais c'est grâce surtout à l'intervention du Ministère du Commerce, qui a toujours insisté pour que ces établissements, qui ne conduisaient à rien, devinssent résolument professionnels. (*Très bien! très bien! sur les mêmes bancs.*) Il reste, d'ailleurs, encore beaucoup à faire pour qu'ils rendent tous les services que l'on peut en attendre.

Une autre objection que le Ministre de l'Instruction publique ne manquera pas de développer, c'est que l'administration actuelle des écoles nationales professionnelles est bonne. Il ajoutera, vous n'en doutez pas, que le régime bizarre sous lequel elles vivent, cette espèce de *condominium* indéfinissable que M. Groussier à l'instant essayait de définir, produit des résultats parfaits, ou à peu près. Il nous donnera comme un modèle cette administration, il la proposera en exemple à toutes les autres institutions et aux générations de l'avenir.

Que ne suis-je comme vous, Monsieur le Ministre, du pays du soleil et de la poésie!...

M. le Ministre de l'Instruction publique. — Elle est de tous les pays.

M. Maurice Faure. — Corneille était Normand! (*On rit.*)

M. Modeste Leroy. — Je vous peindrais, en termes non moins éloquents, le tableau d'en face. Je ne suis, hélas! que du pays de la brume, où l'on ne distingue que les faits. Mais vous les connaissez cependant, ces faits, Monsieur le Ministre; ils ont été indiqués ici par celui qui est à la tribune, ils ont été répétés et confirmés par d'anciens Ministres du Commerce, par M. Boucher, par M. Delombre, par M. Mesureur, par M. Rouvier, tous amis ardents de l'Université, mais tous ennemis non moins fervents d'un faux sentimentalisme universitaire. Et ici, permettez-moi d'espérer que M. Maruéjouls, présent à la séance, répondra à l'interruption que vous avez faite à son sujet pendant le discours de M. Groussier.

Vous avez avancé, je crois, que les paroles prononcées par M. Maruéjouls lors de la dernière discussion relative à mon amendement visaient seulement les écoles de Paris. Etes-vous bien certain, Monsieur le Ministre, de n'avoir pas commis là une erreur ?

M. le Ministre de l'Instruction publique. — Je vous demande pardon, Monsieur Modeste Leroy, je n'ai commis aucune erreur !

M. Maruéjouls. — Je demande la parole.

M. Modeste Leroy. — Je crois que M. Maruéjouls demande la parole ?

M. Maruéjouls. — Je m'expliquerai à la tribune.

M. Modeste Leroy. — Je ne veux pas faire passer de nouveau sous vos yeux tous ces faits, mes chers collègues ; j'aurais mauvaise grâce à lasser votre bienveillance. Je n'en citerai que deux, et si je prends ceux-là, c'est parce qu'ils sont tout récents, et aussi parce qu'ils sont authentiques, presque officiels. Ils sont venus, à ma connaissance, à la date du 4 janvier 1900.

Au mois de juillet 1899, un nouveau contremaître de forges fut nommé dans une école nationale professionnelle.

M. le Ministre de l'Instruction publique. — M'avez-vous communiqué ces renseignements, Monsieur Modeste Leroy ?

M. Modeste Leroy. — Non, Monsieur le Ministre.

M. le Ministre de l'Instruction publique. — Très bien !

M. Modeste Leroy. — Je ne le pouvais pas.

M. le Ministre de l'Instruction publique. — Je vous remercie.

M. Modeste Leroy. — Monsieur le Ministre, vous me permettrez de vous faire observer que nous ne sommes pas ici à la barre du tribunal. Nous sommes à la tribune de la Chambre.

M. Lasies. — Très bien !

M. le Ministre de l'Instruction publique. — Monsieur Modeste Leroy, si vous portez un fait à la tribune, c'est probablement pour que j'y réponde ? Je fais seulement remarquer à la Chambre que, si vous m'aviez fait l'honneur de me communiquer votre renseignement, j'aurais pu apporter une réponse précise.

M. Modeste Leroy. — Puisque votre administration est si bonne, si parfaite, Monsieur le Ministre, vous devez connaître tous les détails de cette administration, et notamment les faits regrettables que j'apporte ici. (*Mouvements divers.*)

Je reprends : Au mois de juillet 1899, un nouveau contremaître de forges fut nommé dans une école nationale professionnelle ; mais, pour une cause qu'on ignore, on ne fixa pas ses émoluments. Le directeur écrivit de suite afin de signaler l'oubli ; aucune réponse ne vint. Le directeur récrivit encore pendant quatre mois, et toujours inutilement ! Ledit contremaître, n'étant pas rétribué, ne pouvait pas à son tour payer ses dettes, si bien qu'un beau matin un huissier se présenta à l'école pour saisir les émoluments imaginaires du pauvre diable ! (*Rires.*)

M. Levraud. — Quel rapport cela a-t-il avec l'enseignement ?

M. Modeste Leroy. — Pardon ! je crois que je suis en plein dans la question, Monsieur Levraud.

M. Maurice Faure. — Dans tous les cas, il n'y a pas de révoltes dans les écoles qui relèvent du Ministère de l'Instruction publique, comme dans celles qui ne lui appartiennent pas.

M. Modeste Leroy. — Voici l'autre fait. Un aide-chauffeur est entré dans la même école dès les premiers jours d'octobre, et ses émoluments ne sont pas encore fixés, malgré sept réclamations formulées par le directeur à ce sujet et une intervention de sa part à Paris. Désolé, l'intéressé va trouver le directeur pour le prier d'intervenir auprès de son propriétaire, afin que celui-ci ne le jette pas dehors.

Le directeur a fait le nécessaire, mais cet ouvrier n'a toujours pas de salaire fixe, et on ne sait pas quand cela finira !

M. Maurice Faure. — Que signifient ces faits ?

M. Modeste Leroy. — Comment se fait-il qu'après des actes semblables, bien éloignés d'une excellente administration et bien près d'une inertie voisine elle-même de l'incurie, la réforme que nous proposons afin de mettre fin à ces abus n'ait pas été votée de suite, et enlevée à l'unanimité des membres de l'Assemblée? C'est que nous nous heurtons à un obstacle insurmontable ou du moins à un obstacle qui, dans notre pays, n'a jamais pu être surmonté, à une force invincible. Cette force n'est pas en face de moi, dans la personne de M. le Ministre qui est toujours, nul ne l'ignore, un homme de gouvernement ; non ! elle est rue de Grenelle, dans les bureaux qui geignent et se lamentent — comme si on allait leur arracher l'âme en leur enlevant trois écoles, que dis-je, trois écoles, trois moitiés d'écoles ! — dans les bureaux qui jamais n'ont assez à administrer et qui toujours demandent à administrer encore. (*Très bien ! très bien ! au centre et sur divers bancs.*)

Est-il possible, mes chers collègues, qu'un vote de la Chambre, est-il admissible qu'une décision de la Commission du budget soient ainsi tenus en échec par une querelle de bureaux? (*Applaudissements sur les mêmes bancs.*)

M. le Ministre de l'Instruction publique. — C'est une erreur.

M. Modeste Leroy. — Puisque vous êtes impatient de me répondre, Monsieur le Ministre, je me hâte de conclure.

M. le Ministre de l'Instruction publique. — Non ! je vous écoute avec beaucoup d'intérêt.

M. Modeste Leroy. — Je vous remercie, j'en suis très flatté ; mais permettez-moi un mot encore.

En s'opposant à cette réforme, M. le Ministre semble vouloir remonter un courant qu'il n'est au pouvoir de personne d'arrêter.

Ce courant, les auteurs de la loi de 1892, l'honorable M. Léon Bourgeois entre autres, l'avaient pressenti lorsqu'ils créaient les écoles pratiques de commerce et d'industrie. Et c'est précisément parce que la volonté du législateur n'a pas été respectée — bien plus, parce qu'elle a été violée, — que nous sommes obligés aujourd'hui de discuter encore la question des écoles nationales professionnelles qui, depuis huit ans, devraient être rattachées, avec tout l'enseignement technique, au Ministère du Commerce et de l'Industrie. (*Très bien! très bien! sur divers bancs.*)

M. Maurice Faure. — Au contraire !

M. Levraud. — C'est le contraire du texte légal !

M. Modeste Leroy. — Vous le démontrerez.

Oui, Messieurs, sous l'impulsion de l'évolution économique et des transformations sociales de ces dernières années, alors que les conditions de la production et des échanges, de la richesse et de l'épargne, ont reçu et ne cessent de recevoir des modifications profondes; oui, tous les pays impriment à leur éducation nationale une orientation nouvelle, et pour tous l'orientation est la même, tous dirigent l'instruction vers l'enseignement technique et professionnel. (*Très bien! très bien!*)

Vous savez quelle concurrence commerciale et industrielle est arrivée à nous faire l'Allemagne, grâce à la puissante organisation de son enseignement technique. Elle n'hésite pas cependant à augmenter encore et toujours l'éducation professionnelle. Nul de vous, mes chers collègues, n'ignore l'intérêt énorme que l'empereur Guillaume attache à cet enseignement ; il ne laisse aucune occasion de le manifester, de le publier. C'était, il y a quelque temps, à Charlottenbourg, lors du centenaire de l'École supérieure technique ; c'était, il y a quelques jours, à la réception des recteurs des trois grandes écoles techniques. Aux discours que prononcèrent ces hauts fonctionnaires, l'empereur répondit par une allocution dont voici la conclusion...

M. Jourde. — C'est inutile.

M. Modeste Leroy. — On me dit de ne pas lire la citation ?

M. Jourde. — Discutons nos affaires entre nous et n'allons pas chercher nos exemples au delà des Vosges.

M. Modeste Leroy. — Je ne crois pas outrepasser mon droit ni les règles du patriotisme en faisant cette citation.

« Notre science technique a déjà remporté de grands succès. Nous avons besoin de connaissances de ce genre dans le pays tout entier... Le prestige de la technique allemande est déjà très grand. Les meilleures familles, qui semblaient se tenir à l'écart, destinent maintenant leurs fils à vos écoles. Au dehors aussi vous êtes très considérés ; les étrangers parlent avec une grande admiration de l'enseignement qu'ils ont reçu chez vous. C'est une bonne chose que vous attiriez ainsi les étrangers. Cela fait estimer notre travail. En Angleterre aussi, j'ai entendu parler avec la plus grande considération de la technique allemande. J'ai par moi-même constaté récemment encore que là-bas notre enseignement dans ces branches et les résultats qu'il produit sont également appréciés. Appliquez-vous donc de toutes vos forces à votre grande mission économique et sociale. »

Et, Messieurs, ces réformes de l'empereur qui sont presque une révolution dans l'enseignement du pays, loin de se heurter à la résistance de l'Université, obtiennent non pas son adhésion résignée, mais, au contraire, son approbation enthousiaste. Elle y voit, comme toute l'Allemagne, une arme de combat pour la conquête commerciale et industrielle du monde.

La Grande-Bretagne, elle-même, naguère si dédaigneuse de l'instruction technique, convaincue qu'elle était alors que tout Anglais apporte en naissant la science du travail et du négoce, la Grande-Bretagne, sous l'impulsion de l' « Association pour l'avancement de l'éducation technique », a cru devoir, cependant, avec la loi de 1889, créer cette instruction pratique. Et depuis, à diverses reprises, elle a envoyé des inspecteurs chez différents peuples pour y étudier l'enseignement professionnel.

« En Belgique, écrit M. Merlant, l'enseignement technique, longtemps placé dans les attributions du Ministère de l'Intérieur, rattaché en 1884 à l'administration de l'agriculture, de l'industrie et des travaux publics, est passé en 1895 au Ministère de l'Industrie et du Travail... Et depuis lors, continue-t-il, cet enseignement a pris un essor considérable, son développement tend à s'accroître de jour en jour. »

La Suisse est entrée la première dans cette voie. Mais c'est surtout depuis l'arrêté de 1884 que, sous la direction unique du département fédéral de l'industrie et du travail, son enseignement professionnel nous a largement, trop largement distancés. Aussi l'année dernière, quelques jours après le débat qui eut lieu ici, je recevais du directeur d'une des plus grandes écoles professionnelles de Suisse une lettre dans laquelle il me disait « qu'il ne comprenait pas qu'on en fût encore à agiter une question qui partout est tranchée, qu'il avait toujours pensé que les écoles nationales faisaient partie du seul Ministère du Commerce, surtout, — ajoutait-il ingénieusement, — depuis que votre Ministère du Commerce est devenu, et à juste titre, Ministère de l'Industrie ».

Enfin, d'un article très récent de MM. Jourdan et Dumont, il résulte que nulle part l'enseignement technique et professionnel ne s'est autant développé depuis quelque temps qu'en Autriche-Hongrie. Les progrès économiques de l'empire austro-hongrois ces années-ci témoignent que l'effort n'a pas été vain.

Voilà ce qui se passe à l'étranger et, quoi que prétende M. Jourde, j'estime qu'il n'est pas inutile que le législateur s'en préoccupe.

M. Jourde. — Ne me faites pas dire ce que je n'ai pas dit : je dis que nous pouvons organiser nos écoles sans consulter l'empereur d'Allemagne.

M. Levraud. — Les étrangers viennent ici étudier l'organisation de nos écoles pour la transporter chez eux.

M. Modeste Leroy. — Et nous, Messieurs, en présence de la prospérité croissante de jour en jour de nos voisins, de nos rivaux, prospérité due à la perfection, croissante aussi, de leur éducation pratique, nous serions les seuls à ne pas suivre jusqu'au bout cette loi nouvelle du travail et de la production !

Certes, notre Ministère de l'Instruction publique fait grand honneur à la France, et les pages de son histoire que peut revendiquer le parti républicain ne sont ni les moins honorables ni les moins belles. Pour ma part, j'ai rendu hommage toujours aux progrès qu'il a su accomplir ainsi qu'à l'esprit réformateur qui l'anime. Mais la dévotion au passé, la glorification de l'œuvre présente ne sauraient suffire au législateur qui a charge de l'avenir. (*Très bien! très bien!*) Or, de l'enquête à laquelle s'est livrée la Commission de la réforme de l'enseignement secondaire, de cette vaste encyclopédie si habilement dirigée par M. Ribot et qui restera comme un monument, que ressort-il ?

Toutes, ou à peu près toutes, les Chambres de commerce, révélant les besoins nouveaux de notre activité manufacturière, demandent un enseignement pratique donné par des hommes pratiques, et non pas, comme le désire M. Levraud, par des savants. (*Très bien! très bien! au centre et sur divers bancs.*)

M. Levraud. — Les instituteurs ne sont pas des savants.

M. Modeste Leroy. — Nombre de conseils généraux signalant les aspirations et les exigences — les justes exigences — de la démocratie aux prises avec les difficultés de la vie contemporaine, réclament pour les travailleurs — vous voyez que je suis bien dans l'esprit démocratique à la fin comme au commencement de mes observations — réclament, dis-je, pour les travailleurs, une instruction utile et surtout immédiatement utilisable. (*Très bien! très bien!*)

A ces indications, notre honorable collègue, M. Delombre, en un article que je regrette de ne pouvoir louer comme il le mérite, donne la conclusion suivante que, par mon amendement, je vous convie, mes chers collègues, à faire vôtre :

« Si l'enseignement technique n'est pas développé, si l'instruction professionnelle n'est pas versée à flots, si les organismes existants ne sont pas coordonnés avec leurs défenseurs propres et leurs responsabilités spéciales, on n'arrivera qu'à des œuvres incomplètes, à des efforts mal combinés, à des dépenses stériles. »

Voilà la vérité. Il dépend de vous, à cette heure, Messieurs, et il dépend de vous seuls, de la faire triompher. J'ai confiance; la cause est trop au-dessus d'une rivalité de ministères; elle n'est pas une question politique qui nous divise, elle est un problème social et économique qui nous unit : il s'agit du bon renom du travail français et de l'expansion de notre commerce national. (*Applaudissements au centre et sur divers bancs.*)

(*Journal officiel*, numéro du 31 janvier 1900 : *Débats parlementaires, Chambre des députés*, p. 225 et suiv.)

BUT SOCIAL ET ÉCONOMIQUE DE L'ÉDUCATION

(13 février 1902)

Lors de la discussion du projet de résolution présenté au nom de la Commission d'enquête sur l'enseignement secondaire et concernant la réforme d'ensemble de tout cet enseignement, M. Modeste Leroy prononça le discours suivant :

M. Modeste Leroy. — L'éloquent et véritablement substantiel discours de M. Massé que vous venez d'entendre, et plus encore, le discours de M. Couyba que vous avez entendu hier, ont été d'ordre si général qu'il me faut tout d'abord m'excuser près de vous, mes chers collègues, d'oser maintenant présenter des observations d'un ordre plus particulier, sur un point spécial de notre enseignement.

M. Couyba, il est vrai, et M. Massé également, font partie de la Commission de réforme de l'enseignement. Par les rapports qu'elle a publiés, par les consultations multiples qu'elle a su provoquer, vous connaissez et le pays doit connaître l'enquête que, sous la direction si bien comprise, si élevée et si active de M. Ribot, tous nos collègues de la Commission, à quelque parti qu'ils appartiennent, ont menée à bien en moins de dix-huit mois. Effort immense dont on ne trouve aucun exemple, je n'hésite pas à le dire, dans nos annales parlementaires.

M. le Ministre de l'Instruction publique. — C'est la vérité !

M. Modeste Leroy. — C'est pour cela, Monsieur le Ministre, que je le déclare et que je tiens à le déclarer ; effort immense, dis-je, auquel, n'ayant pas pris part moi-même aux travaux de la Commission, je me fais un devoir de rendre, et d'une façon tout à fait désintéressée, un hommage tout à fait mérité. (*Très bien ! très bien ! au centre et à droite.*)

M. Carnaud. — La droite vous approuve, c'est curieux !

M. Modeste Leroy. — Il est des questions où je ne regarde pas d'où viennent les approbations ; je ne regarde que la sincérité avec laquelle on les donne. (*Très bien ! très bien !*)

M. de Baudry-d'Asson. — C'est la parole d'un honnête homme. Voilà ce qu'on peut dire.

M. Modeste Leroy. — Quelques esprits chagrins, enclins au scepticisme parlementaire, avaient pensé que cette enquête, complète jusqu'à la minutie, et permettez-moi de le dire, Monsieur le Président de la Commission, impartiale jusqu'à l'imprudence...

M. Ribot, *président de la Commission de l'enseignement.* — Vous allez me compromettre. (*On rit.*)

M. Modeste Leroy. — ... ne saurait conduire à des résultats appréciables, et qu'elle resterait comme un monument livré à l'érudition de nos arrière-neveux.

Je ne le crois pas, je ne l'ai jamais cru. Je pense,

au contraire, qu'après les tentatives faites au cours de ce siècle, tentatives généralement malheureuses, pour conjurer ce qu'aujourd'hui nous appelons la crise de l'enseignement secondaire, ce que jadis on nommait le malaise des humanités, nous aurons à cœur et à honneur, aidés par l'expérience que donne l'insuccès même, soutenus par l'effort et l'esprit de décision dont M. le Ministre de l'Instruction publique, dans des circonstances particulièrement délicates, vient, permettez-moi de le rappeler, de donner courageusement la preuve, nous aurons à cœur et à honneur, dis-je, de réaliser des réformes devenues indispensables et que nous voudrons enfin adapter notre enseignement aux besoins de la société moderne.

Le problème, on vous l'a indiqué hier, M. Massé l'a démontré aujourd'hui, est à la fois simple et difficile. Simple, si nous savons nous arracher aux préjugés, si nous voulons voir le pas énorme que le monde a franchi durant ces cinquante dernières années dans le domaine des sciences pratiques; simple encore si, prosaïquement, nous osons surtout préparer les jeunes générations à la lutte qui, chaque jour, se fait plus intense entre les peuples, sur le champ de bataille, hélas, peu classique, de l'industrie et du commerce.

Mais, problème difficile à résoudre si nous n'avons pas la force de nous soustraire à ce respect, à cette idolâtrie des traditions, à ce culte du passé érigé en dogme ou abaissé en superstition que déplorent aujourd'hui des universitaires mêmes, que dis-je, que déplore un académicien éminent entre tous, éminent au point d'oser faire, à l'usage des Français, un cours national de patriotisme! (*Très bien! très bien!*)

L'organisation de notre éducation ne répondra véritablement aux nécessités sociales et aussi aux nécessités économiques de l'heure présente qu'autant qu'elle fournira aux jeunes Français et principalement aux jeunes Français sans fortune, aux boursiers, les moyens de — ce que l'on appelle dans le langage plutôt expressif de notre époque — se tirer d'affaire dans la vie.

Il n'est pas, vous m'entendez bien, et il ne saurait être dans la pensée d'aucun républicain de contester le principe des bourses. L'institution du suffrage universel, l'arrivée au pouvoir de la démocratie rendent l'application de ce principe plus nécessaire que jamais. La question à examiner n'est pas davantage celle de savoir — car celle-ci, pour un républicain, ne se pose pas plus que celle-là — s'il convient de réduire les crédits affectés aux bourses. Ce qu'il importe, c'est de rechercher si les résultats obtenus ont été ceux qu'on était en droit d'espérer, et s'il ne serait pas bon de donner à l'institution des bourses une orientation nouvelle qui soit plus profitable à la fois et à l'individu et à la société. (*Très bien! très bien!*)

Cette orientation nouvelle, M. Massé, qui, dans son discours, n'en a pas parlé du tout, — il avait sans doute ses raisons pour garder le silence, — la cherche et semble bien l'indiquer dans le rapport qu'il a écrit, au nom de la Commission, sur la question des bourses. Comment expliquer, dès lors, que ce rapport, à aperçus cependant résolument modernes, ait pu aboutir, dans les conclusions de la Commission, tout à la fin, relégué parmi des dispositions diverses, à un texte aussi modeste que cet article 51 :

« Les bourses nationales ne sont accordées que dans l'ordre de classement résultant d'un concours ouvert entre les candidats remplissant les fonctions exigées par les règlements. » Comment expliquer aussi que M. le Ministre, dans sa lettre au président de la Commission, n'ait pas dit un mot, un seul mot, à ce sujet ? De la lecture du texte de la Commission, comme du silence de M. le Ministre, on pourrait conclure ou que la question des bourses, agitée ici même, à cette tribune, chaque année, a paru à la Commission et au Gouvernement d'importance minime ou que de ce côté il n'y a rien à réformer, tout étant pour le mieux dans notre enseignement.

M. le Président de la Commission. — Nullement.

M. le Ministre de l'Instruction publique. — Nous n'avons jamais dit cela.

M. Modeste Leroy. — Et vous avez bien fait de ne jamais le dire, car il est loin, très loin, d'en être ainsi. Le rapport du regretté M. Chalamet, membre du Conseil supérieur de l'instruction publique, sur les bourses de l'enseignement secondaire, après avoir constaté les succès remportés par les boursiers aux concours généraux, indique, d'après un travail de M. de Galembert, chef du bureau des bourses, que, de 1892 à 1893, 902 boursiers nationaux ont été reçus aux grandes écoles, savoir : 91 à l'Ecole normale supérieure, 248 à l'Ecole polytechnique, 412 à Saint-Cyr, 66 à l'Ecole centrale, 44 à l'Ecole navale, 8 à l'Ecole des mines, 30 à l'Institut agronomique. Puis le rapport ajoute, et je livre le fait aux méditations socialistes de mon honorable contradicteur de l'an dernier, M. Carnaud :

« Ces résultats sont particulièrement remarquables pour l'Ecole polytechnique et pour Saint-Cyr. Les boursiers nationaux sont au nombre de 5.000 environ et ne forment guère que 6 0/0 de la population des établissements universitaires, qui est de 83.000 élèves. Or, ces boursiers obtiennent 35 0/0 des admissions à l'Ecole polytechnique et 29 0/0 des admissions à Saint-Cyr. »

Tous ces brillants boursiers n'ont donc quitté le lycée que pour la « grande école », puis, après s'être surmenés de longues années, après avoir imposé, malgré la bourse dont ils ont profité, de lourdes charges à leurs familles, après avoir imposé de plus lourdes charges encore à la nation, ils ne quittent la grande école que pour solliciter un misérable poste de fonctionnaire à 1.800 francs ou 2.000 francs !

Voilà ce que devient l'élite des boursiers.

Pour les autres, M. Chalamel écrit :

« En ce qui concerne les boursiers qui sortent chaque année des lycées sans avoir été admis à une grande école, il est assez difficile d'être renseigné très exactement sur les professions qu'ils doivent embrasser. Nous pouvons cependant donner quelques chiffres que nous empruntons aux rapports des chefs des établissements. D'après ces rapports, parmi les boursiers ayant quitté le lycée pendant les années 1894, 1895, 1896, 204 se destinaient à l'enseignement, — en d'autres termes au répétitoral, — 66 à la magistrature ou au barreau, 215 à l'administration, 259 à la médecine ou à la pharmacie, 123 à la carrière militaire et 107 au commerce et à l'industrie. »

Ainsi, Messieurs, sur ces 973 boursiers de lycées, 107 seulement, soit un neuvième, se destinaient au commerce et à l'industrie, et il n'est pas téméraire d'ajouter que, grâce à notre singulière façon de comprendre la science commerciale, ce ne sont pas les plus distingués qui se sont résignés à choisir ces professions.

M. Aynard. — Ce n'est pas probable !

M. Modeste Leroy. — De cette statistique, comme aussi des dépositions faites devant la Commission d'enquête, il résulte que les boursiers se destinent tous aux fonctions publiques et aux carrières libérales. Lisez sur ce point la déposition de M. Monod, lisez les rapports des professeurs des académies de Caen, de Dijon, de Toulouse, etc. Le proviseur du lycée de Toulouse s'exprime en ces termes : « Tous les boursiers, sans exceptions de moi connues, se destinent aux fonctions publiques. »

Certes, Messieurs, autant que tout autre, je désire et je veux que les fonctions publiques puissent être accordées à des fils du peuple ayant reçu, grâce à la bourse, une véritable éducation républicaine ; et, sans aller, comme le corps enseignant de Besançon, jusqu'à exiger que les boursiers « prennent l'engagement d'honneur d'entrer dans les services publics », je les inciterais volontiers à se tourner de ce côté s'ils devaient y trouver un avenir en rapport avec les efforts qu'ils ont donnés et les sacrifices que l'État a consentis pour eux. Je les y pousserais encore s'il n'existait une disproportion prodigieuse, que dis-je, inquiétante, entre le nombre des candidats et le nombre des fonctions à pourvoir. (*Très bien! très bien!*)

M. Carnaud. — Je crois que vous n'aurez rien démontré tant que vous n'aurez pas prouvé à la Chambre que les 900 boursiers dont vous parlez avaient tous des vocations commerciales; si, sur ces 900 boursiers, il n'y en a eu que 107 ayant la vocation commerciale, pourquoi voudriez-vous que les autres se fussent faits commerçants?

M. Modeste Leroy. — Je vous répondrai sur ce point.

M. Aynard. — Tous les Français ont la vocation des fonctions publiques.

M. Levraud. — Le fait que vous signalez est indéniable; il est démontré par les statistiques. Mais il serait étonnant qu'il en fût autrement : ceux qui bénéficient des bourses ne sont pas les enfants du peuple; ils ne sortent pas de l'enseignement primaire; ce sont des fils de la bourgeoisie. (*Réclamations sur divers bancs.*)

M. Modeste Leroy. — Je proteste absolument pour une partie d'entre eux, au moins.

M. Levraud. — Je le démontrerai. Ces boursiers sont en très grande partie des fils de fonctionnaires qui désirent que leurs enfants fassent des études classiques pour qu'ils puissent accéder aux professions libérales. Il n'y a donc rien d'étonnant à ce que la carrière du commerce et de l'industrie soit un peu délaissée par ces jeunes gens.

M. Modeste Leroy. — Les fils d'instituteurs, notamment, sont-ils, pour vous, Monsieur Levraud, des fils de « bourgeois » ?

M. Aynard. — Pourquoi pas ?

M. Modeste Leroy. — D'ailleurs, je répondrai sur ce sujet à M. Levraud et à M. Carnaud dans le cours de mes observations.

L'an dernier, comme tous les ans, je crois, la préfecture de la Seine — je prends cet exemple pour M. Levraud, député de Paris — a publié le tableau comparatif du chiffre des emplois vacants dans ses différents services et du chiffre des candidats à ces emplois. Voici un simple extrait de ce document : commis rédacteurs à la préfecture de la Seine, 20 emplois, 175 candidats ; commis expéditionnaires, 60 emplois, 1.000 candidats ; commis rédacteurs à l'assistance publique, 15 emplois, 75 candidats ; répétiteurs dans les écoles primaires supérieures, 8 emplois, 250 candidats, etc.

Quant aux fonctions de l'Etat, hélas ! nous le savons, mes chers collègues, par le nombre de sollicitations que nous recevons chaque matin, la disproportion entre le nombre des vacances et celui des demandes est au moins égale, sinon supérieure.

M. Jules-Louis Breton. — Il y a encore bien plus de demandes pour l'emploi de balayeur, par exemple.

M. Levraud. — Il y a 40.000 demandes de places de balayeur pour 100 vacances par an.

M. Modeste Leroy. — Eh ! Messieurs, que ce soit

en bas ou en haut de l'échelle sociale, n'y a-t-il pas là un véritable danger pour les finances publiques, la fonction, dans ce pays de suffrage universel, étant trop souvent créée pour l'aspirant fonctionnaire. (*Très bien! très bien!*)

Mais, n'y a-t-il pas là un autre danger, et singulièrement plus redoutable? Que d'appétits, que de désespérances, et, finalement, que de colères chez ces ambitions déçues, chez ces vocations manquées, que Raoul Frary appelait « les éclopés du concours ».

Combien n'en rencontrons-nous pas, de ceux-là qui rêvent aujourd'hui le bouleversement d'une société dont ils n'ont pu être les serviteurs! (*Très bien! très bien!*) Et pourtant, nous devons moins les blâmer que les plaindre. Que dis-je? Ne devons-nous pas précisément nous en prendre à nous-mêmes qui, croyant faire leur bien, avons été les artisans de leur infortune? (*Applaudissements.*)

Ah! je ne l'ignore pas, Villemain, car la question n'est pas neuve et je n'ai pas la prétention de la rajeunir, dès 1811, dans son projet de réforme de l'enseignement secondaire, écrivait:

« Que l'on prenne le tableau de toutes les professions, de toutes les occupations publiques qui exigent ou qui supposent un fonds choisi de connaissances, une véritable culture intellectuelle, et on se convaincra que de nos écoles publiques, des écoles particulières et de l'éducation domestique enfin, il sort à peine chaque année un nombre suffisant de candidats pour assurer le recrutement méthodique et régulier de la société dans toutes les fonctions électives ou déléguées, dans toutes les professions libérales, dans toutes les industries qui forment pour ainsi dire l'état-major civil du pays. »

Puis, établissant, d'une part, qu'on faisait à peine 3.240 bacheliers par année, et, d'autre part, que toutes les positions sociales à occuper et à desservir dans l'administration, le barreau et les diverses professions savantes, excédaient 60.000, il disait que le nombre des élèves de l'enseignement classique, loin d'être excessif, n'était même pas dans une proportion égale aux besoins réguliers de la société. Comme conséquence, dans son rapport de 1843, il écrivait que le nombre des bourses, depuis 1802, avait été trop restreint, et il concluait : « Ce n'est donc pas dans l'intérêt des établissements publics d'enseignement secondaire, c'est dans l'intérêt de la société qu'il importe de les maintenir et même d'en augmenter le nombre. »

Des paroles de Villemain que conclure, sinon que notre armée de bacheliers n'était, de son temps, qu'un simple régiment? Que conclure encore, sinon que la société d'alors n'était pas ce qu'est la société d'aujourd'hui et que, si l'insuffisance des candidats aux fonctions et carrières libérales justifiait, nécessitait même cette demande d'augmentation des bourses d'enseignement secondaire, la surabondance actuelle, par le même raisonnement, conduirait, précisément, à la solution inverse, c'est-à-dire à la réduction de ces bourses.

M. Gustave Isambert. — Ce n'est pas la faute des bourses, c'est bien plus la faute des dispenses militaires.

M. Modeste Leroy. — Songez, en effet, que, en 1843, la plupart des professeurs n'avaient que leur baccalauréat ; à Périgueux, le professeur de physique et de chimie et le professeur de mathématiques spéciales étaient simplement bacheliers ès sciences. Presque tous les professeurs de philosophie n'avaient que leur baccalauréat ès lettres. Un docteur, cependant, un seul ; à Ajaccio, le professeur de philosophie était docteur en médecine. (*On rit.*)

Sur 554 maîtres d'études, 6 seulement étaient licenciés ; en 1865, — statistique Duruy — sur 778 répétiteurs de lycées, 56 sont licenciés ; en 1876 — statistique Bardoux — le nombre des licenciés dépasse la centaine ; en 1887 — statistique Fallières — sur 1.578 répétiteurs de l'enseignement classique, 225 sont licenciés, dont 1 avec double licence. Enfin, en 1897 — et je vous prie de noter ce prodigieux accroissement — il y a 627 répétiteurs licenciés...

M. Levraud. — Tant mieux !

A gauche. — C'est une excellente chose !

M. Modeste Leroy. — Nous verrons s'il faut dire : tant mieux !

... Dont 36 répétiteurs dans les collèges et 591 dans les lycées ; 91 ont une double licence, dont 1 dans les collèges.

Ces statistiques ne démontrent-elles pas, d'un côté, que Villemain et, après lui, Duruy avaient raison de réclamer une élévation du crédit des bourses, et, d'un autre côté, que nous avons raison, nous, de poursuivre non pas la réduction, mais un emploi différent et maintenant meilleur de ces mêmes crédits ?

Demandez — et c'est par là que je réponds à l'interruption qui vient de m'être adressée — demandez à M. Raiberti ce que deviennent nos répétiteurs, tous boursiers, naturellement.

Il le dit dans son rapport : « 80 sur 2.319 ont été nommés professeurs dans toute une année. » Puis il ajoute : « Plus de la moitié des répétiteurs de lycée ont de dix à vingt ans de services, plus de 100 d'entre eux ont plus de vingt ans de services ! » Et le tableau ne sera pas moins noir après la réforme du répétitorat projetée par M. le Ministre de l'Instruction publique, si j'en crois les paroles que M. Couyba prononçait hier et si j'en crois M. le Ministre de l'Instruction publique lui-même, puisqu'il est obligé d'écrire cette phrase inquiétante : « Les répétiteurs sont plus nombreux que ne le comporte le nouveau régime. »

M. le Président de la Commission. — C'est évident !

M. le Ministre de l'Instruction publique. — Assurément ! Il en est beaucoup, parmi eux, qui n'ont pas les titres permettant l'accès à l'emploi du professorat. C'est encore une question de statistique.

M. Modeste Leroy. — Tel est le bel avenir offert aux boursiers de l'enseignement !

Et, si l'on songe que les boursiers qui se dirigeront vers le barreau ou la médecine ne seront pas plus heureux, on reste effrayé de cette poussée vers le déclassement social, vers le prolétariat intellectuel, que nous provoquons ou augmentons si largement avec notre système de bourses. (*Très bien ! très bien !*)

« Depuis 1870, dépose M. Brouardel, doyen de la Faculté de médecine de Paris, le nombre des diplômes de docteur délivrés chaque année a plus que triplé. Nous faisions, en 1870, quatre cents docteurs par an, aujourd'hui nous en faisons douze cent cinquante. Comment vivront ces malheureux ? Je crois qu'ils vivront très péniblement ; or, *male suada fames.* »

« Que l'on prenne garde, dit ailleurs M. Brouardel, il y a là un véritable péril social. »

Ce péril, il semble bien que le Ministère de l'Instruction publique ne l'ait pas senti, pour peu qu'on se réfère, dans nos précédents budgets, au crédit affecté aux bourses : en 1876, il était de 1 million ; en 1877, il s'accroît de 200.000 francs ; en 1879, de 30.000 francs ; en 1881, de 250.000 francs ; en 1884, de 300.000 francs ; en 1885, de 38.000 francs ; en 1886, de 414.000 francs ; bref, la charge de l'Etat est ainsi amenée, en 1895, à 3.841.179 francs, soit 4 millions en chiffres ronds.

Et voyez la gradation dans le nombre des boursiers. Si, en 1865, il ne s'élevait qu'à 1.594 sur une population de 65.666 élèves, soit 23 pour 1.000 ; en 1876, il était de 2.700 sur 79.231 élèves, soit seulement 25 pour 1.000 ; il atteignait, en 1887, 4.686 sur 89.902 élèves, soit 52 pour 1.000 ; enfin, en 1899, le nombre des boursiers nationaux passe à 5.061 pour une population scolaire de 86.084 élèves. En y ajoutant les boursiers départementaux, communaux et de fondations particulières, on arrive au chiffre de 10.286. Ainsi, c'est dans la proportion de 1 à 8 que des enfants pauvres se trouvent lancés, chaque année, à la poursuite de stériles diplômes. (*Très bien! très bien!*)

Ce n'est pas à dire que le danger n'ait été signalé. En 1891, M. Charles Dupuy, rapporteur du budget de l'Instruction publique, sollicitait une diminution du crédit des bourses de licence; il justifiait sa proposition par l'encombrement même des fonctions de l'enseignement.

M. Carnaud. — Il a fait là une œuvre réactionnaire.

M. Modeste Leroy. — En 1895, M. Dejean, notre ancien collègue, aujourd'hui le distingué chef de cabinet de M. le Ministre de l'Instruction publique, faisait la même proposition...

M. Carnaud. — Il a changé d'avis, depuis.

M. Modeste Leroy. — ... Et celui qui est à la tribune avait l'honneur de déposer et de défendre un amendement tendant à diminuer le chiffre des crédits affectés aux bourses d'enseignement secondaire pour augmenter d'autant le chiffre des bourses d'enseignement agricole, industriel et commercial.

M. Henri Brisson. — Rappelez-vous le beau discours de M. Rouvier sur la question.

M. Modeste Leroy. — Oh! je ne l'ai pas oublié, et je vais en parler, mais je ne puis tout dire à la fois.

M. Carnaud. — Je crains que vous n'augmentiez le nombre des faillites en augmentant le nombre des bourses de l'enseignement commercial.

M. Aynard. — Il n'y a pas de pays où il y ait aussi peu de faillites qu'en France.

M. Modeste Leroy. — Depuis 1895, l'expérience et des recherches continues m'ont de plus en plus convaincu qu'à la plupart des boursiers nous ouvririons beaucoup mieux un chemin sûr dans la vie en leur donnant une instruction professionnelle, un enseignement technique élevé, qu'en leur donnant une médiocre éducation classique. (*Très bien! très bien!*)

Enfin, il y aurait injustice à ne pas rappeler les courageux rapports de M. Bouge en 1896 et 1897, ainsi que les discours qu'il prononça pour défendre les conclusions de ses rapports.

M. Bouge rencontra devant lui comme adversaires les représentants de la fraction avancée du parti républicain, les socialistes qui, avec leur conception particulière de l'enseignement intégral, ne peuvent admettre thèse semblable. Les socialistes, en effet, ne se préoccupent guère de savoir quel profit immédiat et matériel l'individu retirera de l'enseignement qui lui est donné. Leur argumentation, en général, affecte de s'élever au-dessus des considérations utilitaires.

Dans la séance du 23 novembre 1897, M. Vaillant, en demandant une augmentation de 50.000 francs pour les bourses de l'enseignement supérieur, s'exprimait ainsi :

« Il est évident que dans la société socialiste seule nous pourrons voir la totalité de la nation, maîtresse de son enseignement, le donner à chacun de ses membres, sans autres limites que celles créées par ses facultés et aptitudes, de telle façon que chacun, parvenant au *summum* possible pour lui de l'instruction, ait sa part des connaissances et des lumières de son époque. C'est ainsi que se fera ce que nous nommons l'instruction intégrale, c'est-à-dire le développement complet des aptitudes et des facultés de chaque citoyen arrivant à posséder l'ensemble des connaissances générales dont elle a le dépôt et qu'elle ne doit refuser à personne, car chacun y a droit. »

M. Carnaud. — C'est un superbe idéal.

M. Modeste Leroy. — Plus récemment, mon honorable interrupteur, M. Carnaud, déclarait à propos de l'enseignement secondaire :

« La société doit donner à chaque enfant le maximum de développement intellectuel que comporte son cerveau, sans se préoccuper des besoins de l'Etat. »

Et, joignant l'acte à la parole, M. Carnaud déposait une proposition par laquelle « la Chambre invite le Gouvernement à préparer un projet de loi pour organiser un concours annuel entre les élèves des écoles primaires nationales, afin que les premiers, dans la proportion de 10/0 sur la population totale de ces écoles, soient admis gratuitement dans nos lycées et collèges. »

De ce seul fait, Messieurs, le nombre de nos boursiers se trouverait accru de 22.000.

M. Carnaud. — Permettez! j'ai dit que les richesses sociales les plus importantes sont constituées par les intelligences de nos enfants. Si donc vous augmentez la valeur intellectuelle de chaque citoyen par une instruction complète, vous augmentez nos richesses sociales et, par conséquent, je ne vois pas pourquoi vous déploreriez qu'un pareil système fût appliqué. (*Très bien! très bien! à l'extrême gauche.*)

M. Modeste Leroy. — Je ne sais pas jusqu'où iraient nos richesses sociales avec le système de M. Carnaud, car ce n'était pour lui qu'un premier pas, puisque, ailleurs, il affirme « qu'il y a dans chaque classe des écoles primaires au moins un tiers des enfants qui pourraient suivre utilement les cours de notre enseignement secondaire ».

M. Carnaud. — C'est vrai, et ce serait faire injure à ces enfants que de le nier.

M. Modeste Leroy. — Nous aurions ainsi, par ce second pas de M. Carnaud, plus de 70.000 boursiers dans nos lycées et collèges. Société idéale vraiment que celle dans laquelle la moitié des citoyens seront licenciés ès sciences ou agrégés de philosophie! (*Très bien! très bien!*)

M. Carnaud. — Il n'est pas nécessaire qu'ils soient licenciés; il suffira qu'ils soient instruits, que leur valeur soit augmentée.

M. le général Jacquey. — Et qui paiera?

M. Modeste Leroy. — Oh! je ne demande pas qui paiera; on me répondrait: la collectivité. L'Etat socialiste n'est-il pas, en effet, ainsi que le disait Bastiat: « cette grande fiction à travers laquelle tout le monde s'efforce de vivre aux dépens de tout le monde »? (*Applaudissements.*)

M. Carnaud. — Le développement de la science est le meilleur placement.

M. le général Jacquey. — Pour combler le déficit?

M. Carnaud. — Vous ne voulez pas récolter dans

l'avenir ; vous vous tournez toujours, Messieurs de la droite, du côté du passé.

M. Modeste Leroy. — Que les socialistes me permettent de le leur dire, dans leurs revendications en matière d'enseignement, dans leur désir si âpre et si sincère de voir augmenter sans cesse le nombre des bourses de lycées, ils obéissent, certes, à ce qu'ils considèrent comme un principe de leur parti ; mais, à leur insu, que dis-je, malgré eux, ils cèdent, comme les autres, à un sentiment qu'Herbert Spencer traduit ainsi :

« On exige des jeunes gens une étude complète du grec et du latin non pour la valeur intrinsèque de ces langues, mais bien pour ne pas laisser voir qu'ils les ignorent. On veut qu'ils reçoivent l'éducation d'un homme du monde. C'est le signe d'une certaine situation sociale qui commande le respect. »

Et le socialiste, pas plus que le reste des Français, n'est insensible à ce genre de respect qui n'a pas pour base principale l'égalité. (*Très bien ! très bien ! à droite et au centre.*)

Tant est et sera toujours à méditer ce mot que : « Les démocraties sont en perpétuel enfantement d'une aristocratie nouvelle. »

M. de Salignac-Fénelon. — C'est ainsi qu'on devient baron.

M. Carnaud. — Monsieur Leroy, nous préférons cette accusation à celle qui consiste à dire que nous sommes des barbares.

M. Modeste Leroy. — Tant est et sera toujours exacte l'observation de M. Aynard : « On ne sait jamais où commence et où finit ce que nous appelons un bourgeois. » (*Très bien ! très bien!*) A moins toutefois, Messieurs, que les socialistes, en augmentant ainsi sans cesse le nombre des bourses de l'enseignement secondaire, n'aient pour but d'assurer, eux aussi, le recrutement « de l'état-major civil » de leur société, je veux dire de la cité nouvelle.

M. Carnaud. — S'ils sont instruits, ils seront très bons...

M. Modeste Leroy. — Oui, très bons pour vous.

M. Carnaud. — ... Très humains, personne n'aura rien à y perdre.

M. Modeste Leroy. — Bonaparte, lui, lorsque, par sa loi de 1802, créait 6.400 bourses entières, ne voyait dans cette création, et il ne s'en cachait nullement, qu'un moyen de peupler ses lycées ; et de fait, à l'origine, les boursiers formaient la moitié de la population des internes. Aujourd'hui encore, malheureusement, on ne manque pas, d'une façon discrète tout au moins, de justifier l'augmentation et même l'institution des bourses par une raison de cette nature. Dans son rapport sur le budget de l'Instruction publique en 1899, à propos du chapitre 9 (Bourses d'enseignement supérieur), M. Maurice Faure, notre aimable vice-président, n'écrivait-il pas :

« Nos facultés des départements, ou tout au moins certains de leurs cours, ne voient que très lentement s'accroître le nombre des élèves, et il n'est que trop certain que la « pénurie » des auditeurs engendre toujours la tiédeur du personnel enseignant. Pour accroître, dans nos universités nouvelles, la vie et le mouvement qui leur sont indispensables, comme aussi pour donner aux maîtres l'ardeur et l'émulation nécessaires, il importe de favoriser, dans la mesure du possible, le recrutement normal des élèves. »

Recrutement anormal, mon cher Président, eût été, je crois, plus exact.

Un ancien Ministre de l'Instruction publique, à qui on exposait assez récemment les raisons qu'il y a, à notre époque, de diriger un plus grand nombre de boursiers vers l'éducation pratique, répondait en dernière objection : « Mais vous allez vider nos lycées ! » Eh bien, au risque d'entendre une fois encore qualifier ma thèse de réactionnaire par M. Carnaud ou par tout autre de nos collègues, je n'hésite pas à déclarer que, pour justifier une fausse conception des bourses, on invoque beaucoup l'intérêt des établissements, beaucoup l'intérêt des professeurs, mais peu l'intérêt du boursier lui-même, encore moins l'intérêt de la société. (*Très bien ! très bien ! sur divers bancs.*)

Vous n'avez pas oublié, puisque mon éminent collègue M. Brisson le rappelait tout à l'heure, un discours de 1897, dans lequel M. Rouvier faisait allusion à la répartition des bourses d'enseignement supérieur ? L'intervention de M. Rouvier, comme toujours, produisit une impression profonde sur la Chambre, puisque le relèvement de 50.000 francs demandé pour le crédit des bourses de licence fut adopté. M. Rouvier s'écriait :

« Je fus, passez-moi le mot, enthousiasmé quand je vis que cette manne, la véritable manne moderne de la science, allait dans les couches les plus humbles de la population française; les bénéficiaires étaient, pour les neuf dixièmes, peut-être pour un plus grand nombre, de véritables fils du peuple. »

Eh bien, j'ai voulu savoir ce qu'ils étaient devenus, huit ans après, tous ces boursiers, tous ces « véritables fils du peuple » qui, suivant l'expression même de M. Rouvier, devaient être ainsi « mieux armés pour la vie ». Sur 100 titulaires compris dans les arrêtés insérés au *Journal officiel* le 8 août 1893, j'ai pu retrouver la trace de 74 d'entre eux, ainsi répartis :

Répétiteurs, 23, dont 13 de lycée et 10 de collège;
Professeurs, 20, dont 13 de lycée et 7 de collège;
Préparateurs de faculté, 2;
Professeurs libres, 3;
Médecins, 2;
Avocats, 2;
Lieutenants, 2;
Journalistes, 2;
Employés des contributions, 3;
Rédacteur à la préfecture de la Seine, 1;
Employés de chemins de fer, 2;
Chef de la comptabilité de l'institut Pasteur de Lille, 1;
Un autre donne des leçons particulières.

« C'est sa seule profession », me dit le maire de sa commune. Trois ont disparu, sans adresse sociale. Quatre autres profitent de mon enquête pour me faire savoir que, nouveaux Jérôme Paturot, ils sont à la recherche d'une position sociale (*On rit*); un est gravement malade depuis plusieurs années, et, par suite de surmenage, un autre, aliéné, est actuellement à Charenton. (*Exclamations.*)

M. Levraud. — Cela arrive dans toutes les classes de la société.

M. Modeste Leroy. — Quant au dernier, — et celui-là peut-être a trouvé la fortune, — il est secrétaire de député ! (*Exclamations et rires.*)

M. Levraud. — Dans ce cas, c'est celui qui a le plus mal tourné. (*Nouveaux rires.*)

M. Carnaud. — On en fera un sous-préfet !

M. le général Jacquey. — Ou un député !

M. Modeste Leroy. — Pour ceux dont il m'a été tout à fait impossible de retrouver la trace, ce n'est pas porter un jugement téméraire que de supposer qu'ils n'ont pas à se vanter de leur situation.

M. Henri Brisson. — Et il ne vous plaît pas que tous ces citoyens aient eu un plus grand accès aux choses de l'esprit ! (*Très bien ! très bien ! à gauche.*)

M. le comte de Lanjuinais. — La question est de savoir s'ils sont plus ou moins heureux !

M. Modeste Leroy. — Je demanderai à l'honorable M. Brisson si la vie, dure aux malheureux surtout, se contente des choses de l'esprit et si les choses de l'esprit nourrissent leur homme. (*Très bien ! très bien !*)

M. Levraud. — Très souvent !

M. Carnaud. — Vous savez bien que c'est la faute de la société, s'il y a des meurt-de-faim !

M. Modeste Leroy. — M. Rouvier affirmait que l'éducation, c'est-à-dire l'instruction classique que ces jeunes gens ont reçue, ne les empêcherait pas de se diriger vers les professions pratiques ou lucratives. La statistique répond brutalement, cruellement, à M. Rouvier et à mes interrupteurs actuels. Pas un, vous m'entendez bien, pas un ne s'est tourné vers le commerce, l'industrie ou l'agriculture! (*Applaudissements au centre.*)

M. Carnaud. — Et le nombre des faillites augmente tous les jours!

M. le comte de Lanjuinais. — On dirait même qu'il ne doit rester que les imbéciles pour embrasser les professions manuelles et commerciales! Il y faut cependant des hommes intelligents!

M. Modeste Leroy. — A cette promotion des boursiers de licence de 1893, que j'appellerais volontiers « la promotion Rouvier », j'en opposerai une autre, celle des élèves boursiers entrés dans nos écoles d'enseignement technique, secondaires et supérieures pendant cette même année 1893.

Parmi les élèves de cette promotion sortis des Écoles des arts et métiers d'Aix, d'Angers et de Châlons, on compte, d'après un document officiel du Ministère du Commerce : 60 dessinateurs — quelques-uns appartiennent à nos grandes industries : Forges et Chantiers de la Méditerranée, hauts fourneaux et forges de Montluçon, de Saint-Dizier, de Fives-Lille, du Creusot, etc. ; — 24 mécaniciens aux équipages de la flotte ; 16 ingénieurs, dont 1 en Espagne, 1 en Allemagne, 1 au Mexique, 1 aux Etats-Unis; 31 contremaîtres, chefs d'atelier, sous-directeurs de fonderie et de filature ; 9 mécaniciens, chauffeurs, machinistes de compagnies de chemins de fer ; 4 électriciens-ajusteurs; 4 fonctionnaires de l'enseignement technique ; 1 piqueur de la ville de Paris; 16 militaires; enfin 13 n'ont pas été retrouvés. En résumé, sur 149 ayant une situation, 144 ont un emploi dans l'industrie et gagnent, les uns, de 2.400 à 3.000 francs par an ; d'autres, 3.500 à 3.600 et même 4.500 francs. (*Applaudissements au centre et à droite.*)

M. le général Jacquey. — Voilà la vérité !

M. Modeste Leroy. — Les paroles que vient de prononcer M. Brisson sont éloquentes, certes ; mais les faits que je lis en ce moment sont non moins éloquents, car c'est l'éloquence des chiffres.

M. Henri Brisson. — Je vous demande pardon. Vous parlez d'écoles qui ont été créées pour diriger les élèves vers les professions auxquelles vous faites allusion. Il est très utile que les élèves de nos écoles primaires supérieures et professionnelles arrivent aux professions indiquées par votre statistique, et c'était inévitable. Mais permettez-moi de le rappeler, dès 1876, c'est moi qui ai, le premier, parlé à cette tribune de la nécessité de créer et de développer l'enseignement primaire supérieur et l'enseignement professionnel. Je crois qu'on ne l'a pas assez fait. En ce moment, je le reconnais, vous confirmez simplement ce que j'ai dit des intérêts de la démocratie.

Mais, d'un autre côté, lorsque vous blâmez l'extension des bourses de l'enseignement secondaire et des bourses de licence, permettez-moi de vous faire observer — car nous sommes deux amis, n'est-ce pas? — que, sans vous en rendre compte, vous faites contre les progrès de la démocratie une œuvre que vous regretterez si vous y réfléchissez davantage. (*Applaudissements à gauche.*)

M. Modeste Leroy. — Je suis touché profondément de la marque de sympathie que M. Brisson me donne, mais il m'autorisera à lui répondre que je ne crois pas, en ce moment, desservir les intérêts de la démocratie. En défendant cette thèse, que j'ai toujours soutenue depuis que je suis entré à la Chambre et que, — pardonnez-moi l'expression si elle vous paraît un peu prétentieuse de ma part, — j'ai faite un peu mon œuvre, je pense, au contraire, faire acte utile, sincèrement et efficacement utile à la démocratie. Il ne s'agit pas de savoir si nous devons donner plus ou moins de bourses, — la question n'est pas là ; il faut en donner le plus que nous pourrons ; j'ai commencé par le dire ; — il s'agit de savoir si les bourses que nous donnons sont toujours utiles à ceux-là mêmes à qui nous les accordons. (*Très bien ! très bien ! sur divers bancs.*)

Je poursuis ma démonstration par la statistique, c'est-à-dire par les faits. Le sentiment, hélas ! s'il contribue au bonheur, ne l'a jamais fait tout seul. Les résultats ne sont pas moins éloquents, Messieurs, en ce qui concerne les écoles supérieures de commerce. Sur 7 boursiers de la promotion de 1893, — vous voyez que je prends, à dessein, toujours la même année, — l'École supérieure de commerce de Paris en a envoyé 3 à l'étranger, l'École des hautes études commerciales 1 sur 5, l'Institut commercial 2 sur 3 et les Écoles supérieures de commerce de Lyon, de Bordeaux, de Marseille ont imité celles de la capitale. Bref, sur

35 boursiers, 12, soit plus du tiers, sont partis pour l'étranger : 2 en Angleterre, 1 en Algérie, 1 à Saïgon, 3 sur la côte occidentale d'Afrique, 1 à Madagascar, 1 à Chypre, 1 au Brésil, 1 au Japon, 1 dans la colonie du Cap. Les autres, restés en France, occupent tous des situations honorables dans le commerce, dans la banque et dans la commission.

Que dira M. Rouvier, que direz-vous, Messieurs, de ces véritables fils du peuple, qui, dans les diverses professions industrielles et commerciales du pays, ont su arriver, et arriver vite, — ce qui est indispensable pour un boursier, — à gagner largement leur vie, alors que beaucoup de vos pâles licenciés, cependant plus âgés de quelques années, intriguent encore au seuil de quelque fonction publique et guettent avec anxiété l'homme politique qui parviendra enfin à les faire entrer dans la place ? (*Applaudissements.*)

M. Jules-Louis Breton (Cher). — Augmentons le nombre des bourses de l'enseignement technique, sans diminuer celui des bourses de l'enseignement secondaire.

M. Aynard. — Voulez-vous me permettre de vous rappeler un souvenir, mon cher collègue ?

M. Modeste Leroy. — Volontiers.

M. Aynard. — Je regrette de ne pas me trouver d'accord avec mon éminent collègue, M. Brisson; mais il y a dans l'Université une pente d'esprit que la Chambre doit connaître et dont il s'est produit, l'année dernière, une manifestation éclatante. Cela se passait dans l'Est, à Bar-le-Duc, si je ne me trompe, dans une distribution solennelle des prix présidée par un professeur de faculté. Ce professeur, après avoir célébré les fonctions publiques comme l'objet naturel de l'ambition de tous, a eu la bonté d'ajouter qu'il ne fallait pas que ceux qui étaient destinés à occuper un jour ces fonctions méprisent ceux de leurs camarades qui se dirigeraient vers le commerce ou l'industrie. (*Exclamations.*) Voilà ce qui s'est dit à Bar-le-Duc.

M. Jules-Louis Breton. — Cela prouve qu'on a voulu réagir contre tout sentiment de mépris.

M. Aynard. — Ce fait prouve qu'on pousse beaucoup trop les boursiers vers les fonctions publiques, pas autre chose! (*Très bien! très bien! sur divers bancs.*)

M. Modeste Leroy. — Je remercie M. Aynard de l'appui qu'il vient de donner à ma thèse par l'exemple frappant, trop frappant vraiment, qu'il a cité et qui indique, hélas! l'état d'esprit qui règne dans certaines parties de l'Université et aussi, malheureusement, parmi nos populations.

Les statistiques que je viens de lire montrent, Messieurs, que pour les boursiers d'enseignement technique se trouve réalisé le double but que j'assigne à l'institution des bourses, à savoir l'intérêt de l'individu et l'intérêt de la société.

Malheureusement, le nombre des bourses attribuées aux écoles supérieures de commerce n'est pas suffisant. L'an dernier, il n'y en a eu que 64 pour 12 écoles, et il s'agit d'écoles où les frais d'études sont très élevés, ce qui les rend complètement inaccessibles non seulement aux enfants des familles pauvres, mais même aux enfants des familles d'aisance moyenne ; si bien que ces écoles sont, deviennent et deviendront, si l'on n'y prend garde, de plus en plus de véritables écoles patronales. Nous ne formons que peu, beaucoup trop peu de véritables commis ; et, certes, ce n'est pas le but qu'on s'était proposé à l'origine. (*Très bien! très bien!*)

M. Levraud. — Elles forment encore trop de meurt-de-faim qui restent sur le pavé de Paris.

M. Modeste Leroy. — J'ai démontré le contraire!

M. Levraud. — Voulez-vous que je vous envoie les adresses de tous ceux qui me demandent des emplois ?

M. Modeste Leroy. — Vous ne contesterez pas ma statistique, mon cher collègue ; elle émane du Ministère de M. Millerand! (*On rit.*)

M. Levraud. — Elle confirme ce que nous disons. Je vous enverrai ceux qui m'adressent des demandes pour entrer dans le commerce.

M. Ribot. — Nous pouvons en faire autant de notre côté ; ce sera réciproque.

M. Carnaud. — Votre société craque de tous les côtés, nous le savons, et vous le reconnaissez vous-mêmes. Tant mieux!

M. Aynard. — Tout le monde meurt de faim, c'est entendu!

M. Modeste Leroy. — Telle n'est pas la façon de faire de certains États de l'Europe, monarchiques pourtant, comme l'Autriche-Hongrie, où l'enseignement technique est gratuit à tous ses degrés, et comme la Belgique, la Hollande et l'Allemagne, où les élèves ne payent plus qu'une rétribution insignifiante, ou bien encore comme la Suisse où l'enseignement professionnel, grâce à des bourses largement et intelligemment accordées, est, pour ainsi dire, gratuit.

C'est que ces pays, Messieurs, ont de l'institution des bourses une conception différente de la nôtre.

Quel doit être, en effet, — et c'est par ces considérations que je terminerai, — le caractère de la bourse ? Là est toute la question, Messieurs. Doit-on se proposer l'intérêt exclusif du boursier? Evidemment non. Ce serait porter atteinte au principe d'égalité que de puiser dans le trésor commun avec le seul but de faire émerger, suivant les hasards d'un concours, « quelques intellectualités en germe ».

Puis, au point de vue financier, le crédit affecté aux bourses nationales n'ayant d'autres origines que l'impôt, on se trouve simplement amené à conclure que les bourses nationales, ainsi d'ailleurs que toutes les dépenses publiques imputées sur ressources communes, doivent avoir en vue surtout l'intérêt commun. (*Très bien ! très bien !*)

L'institution des bourses ne se justifie donc que dans la limite où elle répond aux besoins de la société.

M. Guillaume Chastenet. — C'est cela, tout à fait cela.

M. Modeste Leroy. — A cette thèse, on objecte — vous l'avez entendu tout à l'heure — qu'elle est presque immorale. Des théoriciens, qui pourtant ne se piquent pas d'individualisme, m'ont accusé de vouloir « me servir de l'enfant comme d'un instrument au profit de la société ». Je pourrais tout d'abord répondre que c'est le cas ou jamais de faire en ces matières application de la théorie de l'altruisme ou de la solidarité sociale dont se réclament tous les démocrates, dont je suis, et la plupart de nos collègues de l'extrême gauche.

M. Carnaud. — L'intérêt de l'enfant n'est pas inséparable de l'intérêt de la nation.

M. Modeste Leroy. — Précisément. L'intérêt de l'individu diffère-t-il donc véritablement ici de l'intérêt de la société?

Ces intérêts, au contraire, ne se confondent-ils pas et d'une façon intime? Que dis-je, ne sont-ils pas identiques, car le bonheur de la société n'est-il pas fait du bonheur du plus grand nombre possible de ses membres?

Condorcet — on l'a cité beaucoup et on ne saurait trop le citer en un semblable sujet — Condorcet, dans un mémoire intitulé : *De l'utilité de faire élever un certain nombre d'enfants aux dépens du public*, disait :

« Le but principal de la dépense que s'impose alors une nation est de développer tous les talents naturels dont on prévoit l'utilité. Ce n'est pas une famille que l'on veut secourir, c'est un individu que l'on veut former pour la patrie. »(*Très bien! très bien!*)

M. Carnaud. — Et on le forme aussi pour lui-même en même temps. Les deux choses sont inséparables.

M. Modeste Leroy. — Raoul Frary professait que l'État est responsable de l'avenir des jeunes gens qu'il a ainsi distingués et tirés d'un milieu où ils auraient vécu médiocrement peut-être, mais vécu, pour les transplanter dans un monde où, avec des prétentions plus hautes et des appétits plus nombreux, ils n'auront entre les mains qu'un outil qui se trouve être inutilisable ou insuffisant en leurs mains.

Et M. Dejean ne voyait pas les choses autrement lorsqu'il disait : « La bourse a aussi, outre une fonction individuelle, une fonction sociale. L'État doit proportionner le nombre des bourses à ses besoins réels, de façon à ne pas faire banqueroute à ceux-là mêmes dont il a plus particulièrement assumé la charge et la responsabilité. »

En donnant un enseignement littéraire à presque tous les enfants qu'il gratifie d'une bourse, l'État — et l'État, à notre époque, dans notre pays et sous le régime républicain, c'est la société, — l'État ne s'expose-t-il pas, précisément, pour un certain nombre d'entre eux au moins, à leur faire banqueroute? L'enseignement classique — et je félicite M. le Ministre de l'Instruction publique d'avoir osé le reconnaître et le proclamer dans son projet — l'enseignement classique ne convient pas à tous les cerveaux. (*Très bien! très bien!*) Ici comme ailleurs, il y a une spécialisation à faire. En outre, et au risque de froisser un sentiment, — d'ailleurs fort peu respectable, puisque trop souvent il n'est que sotte vanité, — je n'hésite pas à affirmer que l'enseignement classique n'est pas accessible, ni même profitable à tout le monde indistinctement. (*Très bien!*) J'oserais presque dire que cet enseignement est fait pour une élite, pour l'élite intellectuelle. (*Très bien! très bien!*)

L'égalité des intelligences est une chimère. Dès lors ne devrions-nous pas nous efforcer de rendre utile cette inégalité naturelle en instruisant chacun selon son intelligence et ses dispositions, alors surtout que ces directions diverses données aux esprits concorderaient si bien avec les directions diverses de l'activité humaine, du travail et des besoins sociaux? N'est-il pas étrange, en France, où 36 millions d'âmes vivent de l'agriculture, du commerce et de l'industrie, où, pour lutter contre la concurrence universelle en matière économique, forme nouvelle, mais redoutable de la guerre entre nations, nous avons besoin plus que jamais de faire effort vers une meilleure utilisation de nos forces matérielles et intellectuelles, n'est-il pas étrange de constater que nous possédons quatorze facultés de droit et seulement quatre écoles d'arts et métiers, je ne sais combien d'académies et de conservatoires de musique, de danse et de déclamation! et seulement trois écoles nationales d'agriculture? (*Applaudissements sur divers bancs.*)

M. le marquis de la Ferronnays. — C'est absurde!

M. Modeste Leroy. — Pensez-vous, mes chers collègues, que c'est avec une surproduction d'avocats, de musiciens et de danseurs que nous conserverons notre place dans le monde? (*Nouveaux applaudissements.*)

M. Carnaud. — Le Ministre des Beaux-Arts a la parole. (*Sourires.*)

M. Modeste Leroy. — Les hommes de la Révolution, qui ont eu la prescience de tous les besoins de la société démocratique qu'ils s'efforçaient de créer, l'avaient bien compris. Dans l'exposé des motifs d'un projet de loi sur les bourses, voici comment ils s'exprimaient :

« La sagesse des administrateurs locaux leur fera juger si l'enfant doit être destiné pour un lycée ou pour une école d'arts. Ils n'oublieront pas que, dans toutes les classes de la société, il faut favoriser le développement des dispositions heureuses de l'enfance ou de la jeunesse pour les beaux-arts, la littérature, les sciences, mais qu'il ne faut pas indistinctement appeler à les cultiver ceux qui, avec des dispositions ordinaires, pourraient ensuite se trouver plutôt embarrassés qu'enrichis de connaissances médiocres qui donnent souvent plus de prétentions que de ressources. » (*Très bien! très bien! à l'extrême gauche.*)

Vous dites « Très bien », mes chers collègues de l'extrême gauche; permettez-moi alors de confirmer votre approbation par une opinion que vous ne pourrez récuser : c'est un extrait du plan d'éducation nationale de Michel Lepelletier présenté par Robespierre à la Convention, le 13 juillet 1793 :

« Prolonger l'instruction publique jusqu'à la fin de l'adolescence est un beau songe; quelquefois nous l'avons rêvé délicieusement avec Platon ; quelquefois nous l'avons vu, avec enthousiasme, réalisé dans les fastes de Lacédémone ; quelquefois nous en avons trouvé l'insipide caricature dans nos collèges; mais Platon ne faisait que des philosophes, Lycurgue ne faisait que des soldats, nos professeurs ne font que des écoliers. La République française, dont la splendeur consiste dans le commerce et l'agriculture, a besoin de faire des hommes de tous les états. » (*Très bien ! très bien !*)

M. Georges Berger. — C'est ce réactionnaire de Robespierre qui disait cela ! (*On rit.*)

M. Modeste Leroy. — Oui, c'est ce réactionnaire de Ropesbierre qui lisait ce passage.

Enfin, je vous le demande, parmi les jeunes Français, quels sont donc ceux qu'il est bon, qu'il est impérieux d'armer pour la vie pratique, sinon ceux précisément qui, à raison même de leur situation, devront tirer immédiatement profit de leurs études ? A sa sortie du lycée ou de la faculté, le fils de famille peut attendre, il peut patienter quelques années pour trouver sa voie et se faire une situation. Mais le boursier, lui, au contraire, se trouve, de suite, face à face avec ce rude problème que toutes vos belles phrases ne résolvent pas : vivre! (*Très bien ! très bien !*)

M. Carnaud. — Mais si ses facultés sont supérieures à celles du fils de famille?

M. Levraud. — Et c'est ce qui arrive souvent !

M. Modeste Leroy. — Permettez-moi, Monsieur Carnaud, mon honorable et fidèle interrupteur (*On rit*), de répondre à votre nouvelle interruption par la lecture d'une lettre ; c'est ma dernière citation, elle ne sera pas longue, et je crois qu'elle est instructive.

Cette lettre m'était adressée naguère par un polytechnicien de deuxième année :

« Je ne rougis pas de demander, parce qu'il

s'agit de ma mère. Intervenez, je vous en prie, près de M. le Ministre des Finances, pour qu'il donne vite ce bureau de tabac à ma mère, car à vous, Monsieur le Député, qui nous connaissez tous et depuis longtemps, je l'avoue, les larmes aux yeux, dans quelque temps il n'y aura plus de pain à la maison, et ma petite sœur et mon frère ont bon appétit. La longue maladie de mon père a épuisé les petites économies de ma mère. Ah! grâce au Gouvernement de la République, j'ai un bel uniforme sur le dos, je fais de hautes mathématiques, mais combien il eût mieux fait de me donner une instruction qui me permette aujourd'hui de gagner ma vie et d'aider les miens! (*Mouvement.*)

« Vous connaissez un tel, de telle commune, mon camarade; il a passé par l'Ecole supérieure du commerce du Havre, et déjà il a une situation de près de 3.000 francs. » (*Très bien! très bien!*)

Cette lettre ne pose-t-elle pas, Messieurs, en termes touchants, le double problème de l'éducation et de la vie, qui n'est qu'un, et qu'on a eu tort, jusqu'à présent, de diviser et de distinguer? Oui, la République doit prodiguer l'instruction aux fils de la classe pauvre, mais une instruction qui leur assure l'existence, leur facilite le bien-être et leur permette d'arriver, eux aussi, à la prospérité.

M. Carnaud. — Mais c'est toute la question sociale que vous posez là!

M. Modeste Leroy. — N'hésitons donc pas, mes chers collègues, foulant aux pieds de séculaires traditions, devenues des préjugés de vanité bourgeoise, à diriger l'enseignement de nos fils, et principalement de ceux qui n'ont pas le levier puissant de la fortune, vers les voies, — que le savoir et la science pratique rendront rémunératrices pour l'individu et fécondes pour la nation, — de l'agriculture, du commerce, de l'industrie et de la colonisation. (*Applaudissements.*)

Donnons, et donnons beaucoup, mais donnons à propos et avec clairvoyance. Nous agitons beaucoup de questions, nous cherchons la solution de beaucoup de problèmes. Je professe, pour ma part, que la grande question de notre époque, le grand problème que nous avons le devoir de résoudre avant tous les autres, parce qu'il les domine tous, — les auteurs de la loi Falloux l'avaient bien compris; et ceux qui de nos jours réclament ce qu'ils appellent la liberté du père de famille le comprennent non moins bien à leur point de vue, — c'est l'organisation de l'enseignement public dans une démocratie par-dessus tout laborieuse telle qu'est la nôtre. (*Très bien! très bien!*)

M'appuyant sur les opinions, sur les projets et sur les lois des hommes de la Révolution, sur l'exemple de peuples qui, dans le dernier quart du siècle écoulé, ont fait, un peu à nos dépens, de si rapides progrès économiques et industriels, j'estime que nous faisons fausse route en matière d'enseignement et d'éducation, ou, tout au moins, que les résultats ne répondent pas à l'effort considérable fait par la République. (*Très bien! très bien!*)

Plein de respect envers l'antiquité grecque et latine, je vous demande cependant, pour la solution à donner au débat institué devant vous, de regarder non les peuples morts, mais les peuples vivants, non l'éclat du passé, mais le souci de l'avenir, non les privilégiés, présents ou futurs, du sort et de la fortune, mais les masses qui travaillent et qui peinent. (*Applaudissements.*)

M. Carnaud. — Demandez donc la suppression du Ministère de l'Instruction publique! (*Mouvements divers.*)

M. Modeste Leroy. — Faites en sorte, surtout, que l'enseignement que nous donnons aux enfants du peuple les mette rapidement et sûrement en mesure de se faire dans la vie une place, une place utile à eux-mêmes et au corps social. (*Applaudissements.*)

C'est ainsi que, Messieurs, vous assurerez, et sur une base à tout jamais indestructible, celle-là, le véritable ordre républicain, l'avenir de la démocratie et la fortune de notre pays. (*Vifs applaudissements sur un grand nombre de bancs.*)

(*Journal officiel*, numéro du 14 février 1902 : *Débats parlementaires, Chambre des députés*, p. 633 et suiv.)

AUGMENTATION DU NOMBRE DES BOURSES

DANS LES ÉCOLES NATIONALES PROFESSIONNELLES

(3 DÉCEMBRE 1904)

Au cours de la discussion du budget du Ministère du Commerce pour l'exercice 1905, M. Modeste Leroy présenta avec M. Breton et un certain nombre d'autres collègues un amendement au chapitre 17 (Écoles nationales d'enseignement professionnel -- Personnel, Matériel et Bourses), tendant à une augmentation de crédit de 48.840 francs, pour porter de 96 à 196, dès le 1er janvier 1905, le nombre des bourses dans les écoles nationales professionnelles.

Sur la demande du Ministre du Commerce, M. Modeste Leroy accepta que cette augmentation de crédit fût seulement de 20.000 francs.

Voici le compte rendu de son intervention dans la discussion :

M. Modeste Leroy. -- Je n'ai qu'un mot à dire, pour remercier M. le Président de la Commission du budget de sa demi-amabilité (*Sourires*), espérant que cette demi-amabilité deviendra bientôt son amabilité ordinaire -- c'est-à-dire complète. (*On rit.*)

Tout à l'heure, il déclarait -- et c'est surtout pour lui répondre sur ce point que j'ai demandé la parole — qu'il existe bien d'autres besoins à satisfaire et bien d'autres bourses à donner.

Je ne connais pas, pour ma part, de bourses qui répondent à un besoin plus impérieux que celles qui s'adressent aux enfants des travailleurs pour faire de ces enfants des travailleurs comme l'ont été leurs parents, et, de plus, des travailleurs distingués, si je puis dire, ce que n'ont pas pu, malheureusement, être leurs parents qui n'ont pas eu, eux, l'heureuse chance de naître sous un Gouvernement ami de l'instruction pour tous. (*Très bien! Très bien! à gauche et au centre.*)

On a fait l'enseignement primaire gratuit. Il serait à souhaiter maintenant, dans l'intérêt bien compris du Pays et de la République, que l'on fît l'enseignement professionnel gratuit et obligatoire. L'enseignement professionnel, proprement dit, n'étant qu'un complément de la classe élémentaire, il n'y a plus de motif pour que l'obligation s'arrête brusquement au sortir de l'école primaire. Si un enseignement doit dorénavant devenir obligatoire, dans l'intérêt du travailleur et aussi dans l'intérêt de la nation, c'est l'enseignement professionnel sans lequel, l'apprentissage ayant à peu près complètement disparu, l'homme ne peut plus gagner sa vie. Tous nos efforts désormais doivent tendre vers l'obligation de l'éducation professionnelle, car, celle-là, Messieurs, ne fera pas de déclassés!

Je ne connais donc pas de bourses plus nécessaires que celles-ci, Messieurs, et on me permettra d'ajouter — ayant quelque connaissance de l'enseignement technique — je ne connais pas d'écoles plus intéressantes, que les écoles nationales professionnelles. (*Applaudissements.*)

En votant l'amendement de M. Breton comme en adoptant toutes les mesures de ce genre, je vous assure, mes chers collègues, que nous rendons un service véritable à notre pays.

L'enseignement technique, précisément, a pour objet — et il a pour résultat — de détourner des fonctions nombre de gens qui, malheureusement, avec notre tempérament national, s'y croient, de nature et de naissance, destinés. En donnant ces 48.000 francs la Chambre, qu'elle en soit persuadée, fera une grosse économie, car c'est autant d'enfants qu'elle détournera de fonctions que, plus tard, il faudrait payer sur notre budget. (*Très bien! Très bien! sur divers bancs.*)

Je prie donc la Chambre, en bonne financière qu'elle doit être, de voter intégralement les 48.000 francs demandés par M. Breton; elle fera là une très bonne gestion de l'argent des contribuables. (*Applaudissements.*)

M. le Président. — La parole est à M. Breton.

M. Jules-Louis Breton (Cher). — Je ne devrais rien ajouter à ce que vient de dire mon ami M. Modeste Leroy qui, réellement, a présenté la question dans des termes qui doivent fatalement amener toute la Chambre à voter l'amendement. (*Très bien! très bien!*)

Je dois pourtant répondre tout au moins à quelques-uns des arguments de M. le Président de la Commission du budget. Je ne puis notamment laisser passer sans protester son affirmation que nous demandons un crédit supplémentaire à l'Etat pour dégrever les départements et les villes possédant une école nationale professionnelle.

C'est tout à fait inexact. Ce n'est nullement pour décharger les départements et les villes que nous demandons ce renouvellement de crédit, et nous sommes convaincus, au contraire, que, si l'Etat fait des sacrifices, les départements en feront de leur côté de nouveaux.

M. Modeste Leroy. — Je ne représente aucune école nationale professionnelle!

M. Jules-Louis Breton (Cher). — Les enfants qui viennent dans ces écoles y sont d'ailleurs envoyés de toute la France, et les départements où elles se trouvent situées ne se distinguent que par les sacrifices qu'ils font en leur faveur, et ils en feront encore davantage, je le répète, si le Gouvernement veut bien s'y associer. (*Très bien! très bien! sur divers bancs.*)

D'autre part, notre amendement n'engage aucune espèce de dépense supplémentaire pour l'avenir. La dépense se trouve déjà engagée tout entière par les propositions mêmes du Gouvernement. Notre amendement comporte simplement la mise en pratique totale et immédiate de la mesure proposée par le Ministre du Commerce lui-même. Au lieu d'être progressivement appliquée et de n'avoir son plein effet que dans quatre ans, la réforme entrera immédiatement en vigueur au 1er janvier prochain. (*Très bien! très bien! à l'extrême gauche.*)

M. le Président de la Commission du budget. — Je vous assure que vous arriverez à décourager l'Etat de toute initiative...

M. Charles Laurent, *directeur général de la comptabilité publique, commissaire du Gouvernement.* — Assurément.

M. le Président de la Commission du budget. — ... Si, quand il consent le moindre sacrifice, vous cherchez à en obtenir de plus considérables. Ne faut-il pas tenir compte de l'ensemble ? Les quatre écoles nationales en cause sont loin de représenter la totalité des établissements d'enseignement industriel disséminés sur le territoire, et c'est le jour où nous leur accordons un supplément de crédit, sur l'initiative du Gouvernement, que vous nous reprochez l'insuffisance de nos sacrifices, alors que les autres écoles d'enseignement industriel se trouvent encore moins favorisées dans la répartition ! (*Très bien ! Très bien !*)

M. Jules-Louis Breton (Cher). — Vous savez parfaitement que, si le Gouvernement a été appelé à demander des bourses nouvelles pour les écoles nationales professionnelles, c'est justement parce que jusqu'ici elles s'étaient trouvées en état d'infériorité vis-à-vis des autres dont vous parlez et dans lesquelles il y est proportionnellement distribué plus de bourses.

C'est donc une simple réparation qui est donnée aux écoles nationales professionnelles, qui sont certainement des plus intéressantes. Je m'étonne donc que la Commission du budget veuille nous chicaner pour une dépense si insignifiante de 18.000 francs, lorsqu'il s'agit de soulager des travailleurs aussi intéressants que ceux qui font les sacrifices considérables dont je vous ai parlé pour l'instruction de leurs enfants.

Nous demandons donc à la Chambre de nous accorder le crédit total de 48.000 francs qui est loin d'être exagéré et qui, je le répète, n'engage pour l'avenir aucune dépense nouvelle, toute la dépense étant déjà engagée par la demande du Gouvernement.

M. Paul Constans (Allier). — Dans ces écoles nationales, il y a des élèves qui viennent de tous les points de la France.

M. le Président. — La parole est à M. le Ministre du Commerce et de l'Industrie.

M. le Ministre du Commerce et de l'Industrie. — Le Gouvernement, d'accord avec la Commission du budget, persiste à accepter que l'augmentation de 3.900 francs prévue dans ses calculs soit élevée à 20.000 francs.

Au centre. — C'est quelque chose!

M. le Président. — La parole est à M. Modeste Leroy.

M. Modeste Leroy. — Je commence à prendre l'habitude de concilier les choses et les gens. (*Très bien! — On rit.*)

M. Charles Benoist. — Même les contradictoires, dans les ordres du jour!

M. Modeste Leroy. — Surtout les choses contradictoires! (*Nouveaux rires.*) Et alors je déclare, en ce qui me concerne personnellement, accepter la proposition de M. le Président de la Commission du budget, appuyée par M. le Ministre du Commerce, et me contenter, pour cette année, du chiffre de 20.000 francs (*Très bien! très bien!*)

M. Jules-Louis Breton. — Dans ces conditions, il

m'est matériellement impossible d'insister davantage. J'accepte donc la proposition qui est faite, en espérant que l'année prochaine nous obtiendrons le crédit complet.

M. le Président. — Alors, d'accord entre les auteurs de l'amendement, la Commission du budget et le Gouvernement, le crédit du chapitre serait porté à 516.495 francs ?

M. le Président de la Commission du budget. — Parfaitement.

(*Journal officiel*, numéro du 4 décembre 1904 : *Débats parlementaires, Chambre des députés*, p. 2849 et suiv.)

SUBVENTIONS AUX ÉCOLES SUPÉRIEURES DU COMMERCE

(3 DÉCEMBRE 1904)

Au cours de la discussion du budget du Ministère du Commerce pour l'exercice 1905, M. Siegfried et un certain nombre de ses collègues proposèrent au chapitre 19 (Encouragements à l'enseignement commercial) un amendement tendant à augmenter le crédit de 100.000 francs, pour subventions aux écoles supérieures de commerce.

M. Modeste Leroy contribua, pour sa part, à faire accorder une augmentation de crédit de 50.000 francs. Voici de quelle façon il intervint dans la discussion :

M. Modeste Leroy. — Je prends la parole pour protester tout d'abord contre la déclaration que vient de faire notre honorable collègue M. de Grandmaison. Il n'est pas exact du tout de dire que les élèves qui, depuis la loi militaire de 1889, entraient aux écoles supérieures de commerce, n'y venaient pour la plupart que poussés par le désir de ne faire qu'un an de service. (*Mouvements divers.*)

Des statistiques officielles, il résulte, en effet, que, en moyenne, sur 100 élèves des écoles supérieures de commerce, 75 embrassent réellement la carrière commerciale ou la carrière industrielle. Et parmi ces 75 jeunes gens, un tiers presque vont à l'étranger favoriser notre expansion et porter le bon renom de la France.

Affirmer que tous, ou presque tous les élèves des écoles supérieures de commerce, n'entraient dans ces écoles que pour bénéficier de la dispense de la loi militaire, c'est donc commettre plus qu'une exagération.

Je demande à la Chambre, moi aussi, de voter l'amendement de M. Siegfried. J'estime — et c'est ma réponse à M. le Commissaire du Gouvernement — que la Chambre peut être dès maintenant fixée sur ce que seront les besoins des écoles supérieures de commerce lorsque sera votée la nouvelle loi militaire.

En effet, avant 1889, il y avait six de ces écoles et, pour ces six écoles, on inscrivait, à titre de subvention, un crédit de 55.000 francs. Nous avons là, je crois, une base suffisante pour établir ce qu'exigeront dorénavant les besoins des écoles supérieures de commerce.

M. Siegfried, l'auteur de l'amendement soumis à la délibération de la Chambre, est, Messieurs — que sa modestie me permette de le signaler — plus compétent que qui que ce soit pour parler affaires, industrie, exploitation commerciale et surtout écoles de commerce, car lui et son frère ont été, on peut le dire, les promoteurs des écoles de commerce en France. (*Applaudissements à gauche.*)

M. Siegfried et son frère ont importé de Mulhouse au Havre, où ils se sont établis après avoir patriotiquement opté pour la France en 1871, une école supérieure de commerce, qu'ils ont créée, puis soutenue.

M. Siegfried est donc plus autorisé que qui que ce soit à solliciter pour les écoles supérieures de commerce une subvention de 100.000 francs. Je conjure la Chambre de suivre l'exemple que MM. Siegfried ont donné, et de voter les 100.000 francs. Il faut que nous encouragions ces écoles, avenir de notre puissance économique, et autrement que par des paroles.

Il n'est nul besoin, du reste, de prononcer un discours pour démontrer une fois de plus l'utilité que dis-je, la nécessité de l'enseignement supérieur commercial. Tous, ici et ailleurs, reconnaissent qu'un pays, à notre époque, ne peut plus, non seulement prospérer, mais vivre, s'il n'a pas la science commerciale. Je me garde donc d'insister, et, de suite, je conclus par ces seuls mots : Regardez les sacrifices que tous les peuples, nos voisins, consentent pour leur haut enseignement commercial; nous sommes déjà, sur ce terrain, distancés par nombre de nos rivaux. Voulez-vous que nous le soyons davantage, voulez-vous que, au lieu d'avancer, nous reculions encore? Non, évidemment. Alors vous voterez la subvention demandée par M. Siegfried. (*Très bien! très bien! à gauche.*)

M. le Président. — La parole est à M. Lasies.

M. Lasies. — Notre excellent collègue M. Modeste Leroy s'est placé sur le terrain de la conciliation. Cependant, il y a une difficulté qu'il n'a pas tranchée. Il a protesté contre les paroles de M. de

Grandmaison. Mais à côté de lui, tout près, M. Chaumet a soutenu la même thèse que M. de Grandmaison.

M. Chaumet. — Mais non!

M. Lasies. — Ce qui fait que vous êtes seul contre deux, Monsieur Modeste Leroy.

M. Chaumet a déclaré que la simple menace de la loi de deux ans avait déjà écarté les candidats des écoles supérieures de commerce. Je retiens cet aveu et je fais remarquer à la Chambre que peut-être on s'est prêté à une œuvre mauvaise et inutile lorsqu'on a supprimé les écoles commerciales et les écoles professionnelles libres. Dans ces écoles professionnelles, agricoles, industrielles et commerciales, n'allaient que ceux qui ne jouissaient d'aucun privilège, qui devaient faire leurs trois ans de service, mais qui avaient réellement la vocation de l'industrie, du commerce ou de l'agriculture.

Ces écoles étaient très florissantes, très prospères. Vous les avez fermées. Elles avaient sur les vôtres le grand avantage de ne coûter rien à l'État. Depuis leur fermeture, vous ne cessez de demander des crédits et des subventions pour vos établissements. Vous n'aviez qu'à laisser les écoles libres ouvertes. (*Très bien! très bien! à droite.*)

M. le Président. — La parole est à M. le Président de la Commission du budget.

M. le Président de la Commission du budget. — Les reproches qu'adressent aux écoles supérieures de commerce MM. Lasies et de Grandmaison...

M. Lasies. — Et M. Chaumet.

M. le Président de la Commission du budget. —

Non, permettez, je vais faire une distinction. Ces reproches ne me semblent fondés en aucune manière. En examinant les choses d'un peu plus près, je suis convaincu que vous serez d'accord avec nous pour encourager ces écoles.

Vous dites — et M. Chaumet l'a fait observer — que les nouvelles obligations militaires qui atteignent les élèves des écoles supérieures de commerce tendront à en réduire le nombre.

M. Chaumet. — Il en sera de même pour les élèves de toutes les facultés.

M. le Président de la Commission du budget. — C'est certain. Cela ne veut pas dire que les élèves qui suivaient les cours des écoles supérieures de commerce n'entraient pas dans les maisons commerciales ou industrielles auxquelles ils se préparaient. Nullement. Mais par l'avantage d'être dispensés de deux années supplémentaires de service, ils étaient encouragés à acquérir un large enseignement théorique commercial qui avait pour intérêt d'amener nos commerçants à envisager les choses d'un peu plus haut, à diriger leurs regards au delà de leur clocher et à leur rappeler que la France, par sa place dans le monde, devait chercher à se créer des débouchés à l'extérieur.

Dans cet esprit, les élèves des écoles supérieures de commerce — c'est un fait incontestable — ont fourni à notre commerce d'exportation le contingent le meilleur et le plus actif.

Sur divers bancs. — C'est très vrai.

M. le Président de la Commission du budget. — Ayant quelque peu couru le monde, il m'a toujours été donné de voir ces jeunes gens fonder dans nos établissements d'Extrême-Orient et d'Orient des comptoirs qu'ils dirigeaient eux-mêmes et auxquels, comme le disait avec beaucoup de raison M. Siegfried, ils apportaient l'appoint de leur activité et de leur initiative.

Par conséquent, le reproche formulé par M. de Grandmaison ne me semble pas fondé : il importe que ces jeunes gens, loin d'être simplement pourvus d'une instruction élémentaire, aient au contraire la connaissance des langues étrangères, de la géographie commerciale, de tout ce qui tend à leur ouvrir l'esprit et à élever leurs ambitions.

M. Lasies. — Nous sommes tous d'accord sur ce point.

M. le Président de la Commission du budget. — Les écoles de commerce n'offrant plus, comme beaucoup d'autres institutions, l'avantage que leur conférait la loi de 1889, il est donc normal que les jeunes gens cherchent à entrer immédiatement dans les maisons qui les rétribueront, au lieu de se livrer à des études préalables dont les enseignements sont peut-être plus pénibles à acquérir par la théorie que par l'expérience. Mais, puisque les écoles de commerce doivent subir une crise, j'estime qu'il est nécessaire de les encourager en les aidant à la traverser, et que nous devons dès à présent faire l'indispensable. Je suis persuadé que le Gouvernement ne me contredira pas sur ce point.

Toutefois, M. Siegfried a peut-être eu des prétentions excessives. La Commission du budget, qui a eu à examiner cet amendement, a pensé qu'on pourrait échelonner la somme demandée sur un certain nombre d'exercices, et elle vous propose d'augmenter le crédit de 50.000 francs seulement, pour cette année. (*Très bien! très bien!*)

M. le Président. — La parole est à M. le Commissaire du Gouvernement.

M. Charles Laurent, *directeur général de la comptabilité publique, commissaire du Gouvernement.* — Messieurs, j'ai le regret de ne pouvoir être d'accord, pour cette fois — une fois n'est pas coutume — avec M. le Président de la Commission du budget.

Je considère qu'il s'agit d'une question de principe; oui ou non, veut-on, avant que la loi militaire soit votée, donner des subventions aux écoles de commerce?

J'ai reconnu moi-même tout l'intérêt que présente le développement de ces écoles, encore que je reste un peu sceptique sur les effets qu'on peut, par des subventions de l'Etat, obtenir au point de vue général qu'a indiqué M. le Président de la Commission du budget. Mais il serait prématuré, je le répète, d'envisager cette question dès aujourd'hui, et il est impossible au Gouvernement de se rallier à la solution transactionnelle présentée par M. le Président de la Commission du budget.

M. le Président. — La parole est à M. Siegfried.

M. Jules Siegfried. — Messieurs, la loi militaire va être votée dans un très bref délai; il est donc indispensable que le crédit — si la Chambre veut bien le voter — soit inscrit au budget de l'année prochaine.

Les écoles supérieures de commerce ont été créées par l'initiative individuelle; actuellement, ces quinze écoles dont je vous ai parlé sont placées sous la direction des Chambres de commerce. Si l'initiative individuelle n'avait pas présidé à leur création, le Gouvernement aurait été forcé de les réaliser lui-même, et la dépense se serait élevée non pas à 100.000 francs par an, mais peut-être à 1 million ou 1 million et demi.

Cet encouragement nécessaire, je supplie la Chambre de l'accorder; il y a là un intérêt capital à sauvegarder, aussi j'espère qu'elle n'hésitera pas à voter les 100.000 francs demandés. (*Très bien! très bien!*)

M. Modeste Leroy. — Je continue mon rôle de médiateur que M. Charles Benoist tout à l'heure soulignait : je suis certain que M. Siegfried voudra bien suivre mon conseil; je lui propose donc, en bon Normand, de couper la poire en deux (*On rit*) et d'accepter 50.000 francs.

M. Jules Siegfried. — M. Modeste Leroy est tellement aimable que je ne puis pas faire autrement que de me ranger à son avis.

M. le Président. — Les auteurs de l'amendement acceptent d'abaisser le crédit qu'ils demandaient à 50.000 francs.

M. le Président de la Commission du budget. — La Commission du budget accepte de porter le chiffre du chapitre à 288.400 francs.

M. le Président. — Je mets aux voix le chapitre 19, au chiffre de 288.400 francs.

(Le chapitre 19 est adopté.)

(*Journal officiel*, numéro du 4 décembre 1904 : *Débats parlementaires, Chambre des députés*, p. 2854 et suiv.)

LE MINISTÈRE DU COMMERCE ET L'ENSEIGNEMENT TECHNIQUE

(9 JANVIER 1905)

Le lundi 9 janvier 1905 avait lieu à l'Hôtel des Sociétés Savantes, sous la présidence de M. Jules Siegfried, député, ancien ministre du Commerce, et sous le patronage de l'*Association française pour le développement de l'enseignement technique*, une conférence de M. Modeste Leroy, député, vice-président du Conseil supérieur de l'enseignement technique, sur le sujet suivant : *le Ministère du Commerce et l'Enseignement technique.*

M. le Président ouvrit la séance en ces termes :

MESDAMES, MESSIEURS,

L'*Association française pour le développement de l'enseignement technique* m'a demandé de présider cette réunion, et j'ai accepté son invitation avec le plus grand plaisir ; c'était en effet, pour moi, l'occasion, d'une part, de vous présenter mon excellent collègue et ami M. Modeste Leroy, député de l'Eure, qui s'intéresse d'une façon toute particulière à cet enseignement technique, sur lequel nous fondons tous de si grandes espérances pour l'avenir du pays ; c'était en même temps l'occasion de m'instruire moi-même et d'entendre traiter cette question si importante par un homme particulièrement compétent.

Après l'avoir entendu, je lui demanderai peut-être la permission de dire à mon tour ce que j'en pense; en tous cas, nous allons l'écouter avec le plus grand intérêt, et je me fais un plaisir de vous présenter l'un de nos collègues de la Chambre des députés les plus intelligents et les plus sympathiques.

La parole est à M. Modeste Leroy. (*Applaudissements.*)

M. Modeste Leroy:

MESDAMES, MESSIEURS,

Permettez-moi, tout d'abord, de me féliciter très vivement de voir présider cette conférence par mon collègue, M. Jules Siegfried, ancien ministre du Commerce. Parmi ceux qui se sont occupés des questions nouvelles et si graves de l'éducation professionnelle, M. Siegfried est un des ouvriers de la première heure, et, j'ajouterai, des meilleurs.

Comme maire du Havre, il a fondé l'une des premières, sinon la première école d'apprentissage, aujourd'hui l'une des écoles pratiques les plus florissantes. Avec son frère, M. Jacques Siegfried, membre du Comité de votre Association, il est le fondateur de l'Ecole supérieure de commerce du Havre, école pour laquelle il s'est imposé, ainsi que son frère, des sacrifices personnels considérables. Enfin, comme Ministre du Commerce et chef suprême de l'enseignement technique, il a contribué largement au progrès de cet enseignement. Je ne pouvais donc voir cette conférence placée sous le patronage d'une personnalité plus autorisée ni plus convaincue.

A l'Association française pour le développement de l'enseignement technique, j'adresse, avec mes remerciements, mes plus sincères félicitations. Je connais son œuvre. Elle est utile entre toutes. Jusqu'à ces dernières années, non seulement l'enseignement technique était méconnu du plus grand nombre des Français, mais beaucoup de nos compatriotes ignoraient jusqu'au nom même de cet enseignement. Combien étaient-ils les pères de famille qui savaient qu'il existât telles ou telles écoles professionnelles ? En France, par un atavisme dont il serait facile de retrouver l'origine, on ne connaît que l'école primaire, le lycée, ou bien l'Ecole polytechnique ; l'école primaire, parce qu'on ne peut pas faire autrement et parce qu'il est beau, de temps à autre, d'être un humble ; le lycée, parce qu'il est plus beau encore de savoir le latin comme un bourgeois et de pouvoir devenir fonctionnaire ; l'Ecole polytechnique, parce que rien ne peut lutter contre : « Mon fils sort de Polytechnique », et parce que l'officier d'artillerie, et surtout l'ingénieur, ont toujours un rôle noble et chevaleresque dans les pièces de M. Scribe ou dans les romans de M. Ohnet.

Votre Association, Messieurs, estime, elle, que l'école d'aujourd'hui doit, dans l'intérêt de l'individu et dans l'intérêt du pays, se proposer de diriger la marche des enfants de la nation vers les carrières du commerce, de l'industrie et de l'agriculture. Vous pensez — ce qui est bien — et vous ne craignez pas de dire — ce qui est mieux — que si la France, jusqu'à maintenant, a trouvé dans l'habileté de ses ouvriers et dans l'intelligence de ses industriels l'essence véritable de sa prospérité, d'autres peuples sont venus et vont venir qui atteignent ou atteindront perfection égale, supérieure peut-être.

A l'Exposition de 1889, en effet, les nations étrangères, pour des causes diverses — le plus grand nombre tout simplement parce que l'éducation professionnelle n'existait pas chez elles ou n'était encore qu'à l'état d'ébauche — s'étaient abstenues de prendre place dans les galeries de l'enseignement technique. Onze ans après, à l'Exposition de 1900, toutes, au contraire, répondaient à l'appel de la France, toutes tenaient à montrer l'état actuel, c'est-à-dire la prospérité de leur jeune, mais déjà vigoureux enseignement technique; toutes, ai-je dit, sauf deux cependant : l'Allemagne et la Suisse, où l'instruction industrielle et commerciale, la mieux organisée qui soit peut-être au monde, a donné les résultats les plus nombreux comme aussi les plus rémunérateurs.

En présence des progrès si considérables et si redoutables des autres puissances, l'Association française pour le développement de l'enseignement technique a entrepris « d'éclairer l'opinion publique » d'abord, puis de répandre, chez nous, le goût des études professionnelles, le désir d'une éducation pratique appropriée aux nouveaux besoins des sociétés nouvelles.

Ce m'est une satisfaction précieuse que d'être admis à travailler avec vous, Messieurs, à la réalisation d'une tâche aussi élevée. Mais si j'ai osé accepter l'honneur — peu proportionné à la faiblesse de mes moyens — de devenir, par cette conférence, le collaborateur de votre Association, c'est que je me suis rappelé la vérité de Paul-Louis Courier : « Ce que vous connaissez utile, bon à savoir pour un chacun, vous ne le pouvez taire en conscience. »

Or, Mesdames, Messieurs, s'il est une grande Administration qui, toujours, depuis qu'elle existe, a compris comme vous, et l'intérêt particulier de l'individu et l'intérêt général du pays, c'est l'actuel Ministère du Commerce, c'est la direction de l'enseignement technique.

Certes, en cette matière de l'instruction professionnelle, le Ministère du Commerce n'a pas fait tout à lui tout seul. Il a eu des prédécesseurs; et, loin de les oublier, je vous demande, au contraire, de vouloir bien jeter, avec moi, un très rapide coup d'œil sur les différentes étapes administratives par lesquelles a passé, dans notre pays, l'importante branche d'éducation dont j'ai à vous entretenir.

C'est à la fin du XVIIIe siècle que se produisirent, en France, les premières tentatives pour soutenir ou perfectionner par l'enseignement nos industries nationales. Oh ! soyez sans crainte, je ne remonterai pas si loin ! A peine rappellerai-je — et simplement parce qu'il a plu à certains d'y voir l'origine de la première Ecole d'arts et métiers en France — à peine rappellerai-je que, en 1788, le duc de La Rochefoucauld, parent de Condorcet, inspiré par ce qu'il avait vu à l'étranger, établit, dans une de ses propriétés de Liancourt, dans une maison de campagne appelée « La Montagne », une école pour les fils des sous-officiers de son régiment. Là, on leur enseignait, outre l'instruction primaire, la pratique d'un métier.

J'indiquerai seulement que c'est en 1794 que fut créé, par un décret de la Convention, le Conservatoire d'arts et métiers; que la première école d'arts et métiers, fondée à Compiègne par le Premier Consul, date de 1803; que l'École supérieure de commerce de Paris, qui, après un passé glorieux, vient de fermer ses portes, apparut en 1820; que l'École centrale des arts et manufactures, œuvre de trois savants éminents, Dumas, Ollivier, Péclet, et dont je suis heureux de voir à mes côtés le distingué directeur M. Buquet, fut inaugurée en 1829; que l'École d'horlogerie de Cluses, organisée depuis longtemps par le Gouvernement sarde, fut réunie à la France en 1860. J'en omets pour arriver de suite à 1870, année qui, pour l'enseignement technique comme pour tant d'autres choses, marque l'origine d'une ère nouvelle.

A la suite de nos désastres qui menaçaient de se compliquer et aggraver par le recul relatif de notre industrie, le Gouvernement de la République vit, immédiatement et clairement, où était son devoir. Un des premiers soins du Département de l'Agriculture et du Commerce, dans le ressort duquel se trouvait placé ce qui existait alors d'enseignement professionnel, fut de mettre un peu plus en évidence cette partie — oh! combien petite, Messieurs! — de son administration. Jusque-là, l'enseignement professionnel était resté confondu — ou plutôt perdu — avec des services quelconques, dans un des bureaux de la Direction du commerce intérieur. Dès 1872, il est appelé à former la partie la plus importante du « Bureau de l'enseignement professionnel et du travail dans l'industrie ». Il y a déjà là un progrès. En 1881, sous le Ministère Gambetta, l'Agriculture et le Commerce, séparés, formèrent deux ministères; puis, en même temps, était institué le Ministère des Arts. Partant de cette conception, d'ailleurs très défendable, que l'enseignement des Arts est un, qu'il s'agisse des Beaux-Arts ou des Arts industriels, l'enseignement technique fut transféré au Ministère des Arts, dans la direction de l'enseignement. Il y vécut ce que vécurent le Grand Ministère et le Ministère des Arts, l'espace d'un matin ministériel d'alors... deux mois! Puis, il revint au Ministère du Commerce.

Mais déjà l'enseignement technique était sorti de l'ombre, et la marche en avant s'accentue. En 1883, M. Hérisson, Ministre du Commerce, prit l'initiative de la création d'un service de l'enseignement technique autonome, rattaché à son cabinet, et « recevant, disait-il, son impulsion directe ». C'est à M. Jacquemart, alors, comme aujourd'hui, inspecteur général, que M. Hérisson confia le nouveau service, et M. Jacquemart eut, dès cette époque, pour collaborateur, M. Pasquier, maintenant sous-directeur. A tous deux, par conséquent, la cause de l'éducation professionnelle doit une particulière gratitude. (*Applaudissements.*)

L'indépendance de l'enseignement technique ne

se maintint malheureusement pas. Après des vicissitudes qui durèrent douze ans, après avoir fait partie d'une division sous les ordres de M. René Delorme, puis de diverses directions, dont furent successivement chargés MM. Ollendorf, Fayette et Nicolas, ce service fut constitué en 1896, sous l'autorité de M. Bouquet, en une direction de l'enseignement technique, mais comprenant encore des attributions accessoires, le personnel et la comptabilité. Ce n'est qu'en 1900 que cet enseignement fut appelé, enfin, à former — et seul cette fois — une direction spéciale sous le titre de « Direction de l'enseignement technique », avec, pour directeur, M. Bouquet. Ce nom, Messieurs, dit, à lui seul, tous les progrès réalisés. Et ils furent grands autant que nombreux. Si nous remontons seulement à quinze années en arrière, si nous considérons l'ensemble des établissements d'enseignement technique, à caractère plus ou moins officiel, existant en 1889, par exemple, nous constatons qu'il y en avait bien peu ; ils comprenaient uniquement nos vieilles connaissances : le Conservatoire des arts et métiers, l'Ecole centrale, les trois Ecoles d'arts et métiers d'Aix, d'Angers et de Châlons, l'Ecole supérieure de commerce de Paris, l'Ecole d'horlogerie de Cluses, auxquelles s'adjoignaient, nouvelles venues, six Ecoles supérieures de commerce [1].

Le nombre des élèves fréquentant ces établissements arrivait, avec peine, à 5.000.

1. Nous ne parlons ici, bien entendu, que des écoles de l'enseignement technique proprement dit, c'est-à-dire de celles dépendant à cette époque du seul Ministère du Commerce.

Mais, depuis, nous assistons à une progression non moins importante qu'incessante. Le nombre des écoles supérieures de commerce s'est élevé de 7 à 13 : deux nouvelles Ecoles d'arts et métiers ont été ouvertes à Lille et à Cluny, et une sixième est en voie de création à Paris. Les Ecoles nationales professionnelles d'Armentières, de Vierzon, Voiron et Nantes, qui, à ce moment, n'avaient pour but que la préparation à l'apprentissage, sont devenues, depuis surtout qu'elles sont sous la direction unique du Ministère du Commerce, des écoles techniques dans le sens véritable du mot, avec 1.300 élèves. Les écoles pratiques de commerce et d'industrie ont été créées et organisées, cela par la loi alors à peu près inaperçue, maintenant célèbre, du 26 janvier 1892, et aujourd'hui, 9 janvier 1903, on en compte 51, — dont 8 de filles, -- avec 10.000 élèves ! Les 13 écoles professionnelles de la ville de Paris : 7 écoles de garçons, 6 de filles, ont été rattachées au Ministère du Commerce.

Bref, le nombre des établissements d'enseignement technique public est passé de 13 à 96 et leur clientèle de 5.000 à 18.000 élèves.

Si on ajoute enfin que les cours professionnels divers qui existent en France se sont, de leur côté, considérablement développés, on arrive à cette constatation dernière que le nombre total des élèves des écoles et des cours techniques réunis dépasse aujourd'hui 30.000.

Voilà quels progrès ont été accomplis, Mesdames, Messieurs. A ce succès, ont contribué tous les hommes qui se sont succédé à la tête du Ministère du Commerce, MM. Lourties, Siegfried, Maruéjouls, Delombre, Mesureur, Boucher, Millerand, Trouillot, qui, tous, ont compris la grandeur de cette partie de leur tâche, et, tous ont eu, enraciné au plus profond de leur cœur de patriotes, la pensée éloquemment exprimée par l'un d'eux, M. Millerand, à l'inauguration de la classe de l'enseignement technique : « Ici, c'est la graine qui contient en germe les fleurs et les fruits qui, demain, seront, dans les galeries voisines, l'objet de l'admiration du monde ! »

Or, ces progrès, avec quelles ressources ont-ils été réalisés, grand Dieu ! avec quels misérables budgets ! En 1883, 1.875.350 francs; en 1889, 2.426.000 francs (non compris toutefois les 640.000 francs de l'Ecole centrale) ; enfin, en 1904, pas tout à fait 5 millions !

Vous le voyez donc, la Direction de l'enseignement technique, dont je viens de retracer et les débuts modestes et la brillante prospérité scolaire actuelle, est devenue au Ministère du Commerce l'un des organes les plus importants et surtout l'un des plus utiles à notre pays.

Et pourtant, il serait, paraît-il, question de l'enlever au Ministère du Commerce pour la réunir au Ministère de l'Instruction publique. Cette force vivante et réellement productrice serait arrachée aux mains actives qui l'ont créée de toutes pièces ! C'est pourquoi cette conférence, en dehors de l'importance intrinsèque du sujet, revêt un caractère intense d'actualité, avec aussi, par exemple, un caractère non moins intense d'aridité, ce que je vous prie bien, Mesdames, Messieurs, de me pardonner.

Le rapport présenté à la Chambre des députés sur le dernier budget du Ministère de l'Instruction publique n'a pu vous échapper, à vous qui suivez de très près tout ce qui touche à l'enseignement professionnel. Ce rapport a pour auteur mon collègue, M. Massé, député de la Nièvre.

Dans son travail, on ne peut plus étudié, M. Massé examine longuement les mesures à prendre pour assurer aux écoles primaires supérieures un plus grand développement et une meilleure adaptation aux besoins du pays. Ces écoles relevant du Ministère de l'Instruction publique, c'est le droit et le devoir du rapporteur de ce budget de se livrer à une telle étude. Mais il n'en est certes pas ainsi des critiques qu'il formule contre des établissements dépendant d'un autre Ministère; il n'en est pas ainsi des conclusions inattendues qui terminent la partie du rapport sur laquelle je désire retenir quelques instants votre attention.

Je cite textuellement :

« C'est du Département de l'Instruction publique que doivent dépendre tous les établissements d'enseignement qu'il y a en France, et le Ministère du Commerce n'a nulle qualité pour en revendiquer une partie. »

L'honorable rapporteur estime que (je cite toujours textuellement) « l'enseignement primaire supérieur (modifié selon ses vues) préparera peu à peu la réconciliation des deux enseignements -- primaire supérieur et professionnel -- et leur fusion pour le grand bien des nouvelles générations, non pas sous la dépendance du Ministère du Commerce, mais de celui de l'Instruction publique où la direction de l'enseignement technique a sa place marquée à côté des trois autres directions de l'enseignement primaire, secondaire et supérieur ».

Le parfait rapporteur, Messieurs, est celui qui a eu une idée que n'ont pas eue les rapporteurs qui sont venus avant lui. Mon devoir est donc de constater, tout d'abord, que M. Massé a été le parfait rapporteur.

Je constate, en outre, que mon honorable collègue, après avoir, en commençant, parlé de toutes les écoles spéciales, soit d'agriculture, soit de commerce et d'industrie, ne parle bientôt plus des écoles d'agriculture ni même des écoles du Ministère du Commerce en général; il ne consacre plus son attention qu'aux écoles pratiques de commerce et d'industrie.

Pourquoi donc l'honorable rapporteur, après avoir, en la large envolée qui convient au rapporteur d'un grand budget, envisagé la réunion, sous l'autorité du Ministère de l'Instruction publique, *« de tous les établissements d'enseignement qu'il y a en France »*, limite-t-il sa discussion à une seule catégorie d'écoles? Pourquoi M. Massé s'arrête-t-il en chemin? Pourquoi montre-t-il ici tant d'opportunisme? Pourquoi ne demande-t-il pas, ce qui eût été la conclusion logique de ses prémisses, le rattachement au Ministère de l'Instruction publique des Ecoles polytechnique, de Saint-Cyr, de l'Ecole Navale, de l'Institut agronomique, des Ecoles d'agriculture, des Écoles des ponts et chaussées, des mines, etc., etc.? C'est que M. le Rapporteur a senti d'avance les objections nombreuses autant qu'irréfutables qu'on ne manquerait pas de lui faire; c'est qu'il sait bien que, en demandant pareille chose, il ne ferait rien moins qu'une révolution dans l'enseignement et qu'il se heurterait à une de nos traditions nationales les mieux établies.

Un principe, en effet, a été consacré par notre législation en matière d'enseignement. Ce principe est celui-ci : « A un Département unique, l'enseignement général nécessaire à tous les citoyens; aux Départements compétents, les enseignements spéciaux. » Or, si nous ouvrons l'histoire, nous y voyons qu'en fait tous les Gouvernements qui se sont succédé en France depuis la Révolution ont admis et appliqué ce principe.

L'Assemblée législative et la Convention furent saisies, il est vrai, d'un projet d'organisation d'ensemble pour tout l'enseignement, sans aucune exception. Ce projet était l'œuvre de Condorcet, dont on invoque quelquefois l'autorité à l'appui des projets de centralisation de tous les différents enseignements dans un seul Département. C'est, à notre avis, se méprendre tout à fait sur la portée de son projet. Sans doute, Condorcet comprenait aux *troisième et quatrième degrés* « l'enseignement des sciences appliquées aux arts », expression qui paraît viser ce qui existait alors d'enseignement industriel. Mais la direction de ce vaste organisme ne devait pas du tout appartenir à une seule et même autorité. Les questions d'ordre matériel, par exemple, devaient être traitées par les corps administratifs, sous l'autorité du Ministre de l'Intérieur. Quant aux questions beaucoup plus sérieuses de direction, d'inspection, de surveillance, elles auraient été de la compétence de « la Société nationale des Sciences et des Arts », laquelle, avec des éléments puisés dans son sein, formait le « directoire d'instruction », et ce directoire d'instruction comprenait douze savants appartenant chacun à des spécialités différentes.

La solution entrevue par le plan Condorcet ne peut donc pas se comparer à ce que serait, aujourd'hui, le rattachement, au Département de l'Instruction publique, de tous les enseignements spéciaux. Au surplus, le plan Condorcet ne fut jamais adopté par la Convention, et des documents importants des Assemblées révolutionnaires prouvent, au contraire, que le principe du rattachement des écoles spéciales aux départements intéressés était admis dès cette époque.

Ainsi, le décret du 7 vendémiaire an III place sous l'autorité de la Commission des travaux publics l'Ecole centrale des travaux publics, qui devait devenir l'Ecole polytechnique. De même, c'est sous l'autorité de la Commission d'agriculture et des arts qu'est placé (aux termes du décret du 19 vendémiaire an III) le Conservatoire national des arts et métiers.

Il en fut de même pour l'Ecole de dessin de Lyon, créée en l'an XII, pour les Ecoles nationales d'arts et métiers, pour l'Ecole centrale des arts et manufactures, lorsqu'elle fut cédée à l'Etat en 1857, l'Ecole d'horlogerie de Cluses, l'Ecole pratique d'ouvriers et de contremaîtres de Cluny, transformée depuis en École d'arts et métiers, pour les Écoles d'agriculture, l'Institut agronomique, pour l'École coloniale, etc., etc., toutes écoles, Messieurs, qui furent rattachées aux Ministères compétents.

Il est inutile, n'est-ce pas, de multiplier davantage les exemples. Mais ce qu'il est plus intéressant de signaler, c'est l'essai d'organisation différente tenté par la loi du 11 décembre 1880 pour les écoles manuelles d'apprentissage. Ces écoles avaient à peu près le même but que les écoles primaires supérieures, telles que semble les comprendre M. Massé; leur objet était de développer chez les jeunes gens qui se destinent aux professions manuelles la dextérité de la main et les connaissances techniques générales. On les plaça sous la double autorité du Ministère de l'Instruction publique et du Ministère de Commerce. Ce régime, semblait-il, devait donner des résultats entièrement satisfaisants, l'enseignement pratique étant surveillé par le Département du Commerce et l'enseignement général par l'Instruction publique. Il en fut cependant tout autrement : cette espèce de condominium ne fit que paralyser l'initiative de chaque Département et dut être abandonné.

L'expérience avait été concluante. Et c'est précisément à la suite de la leçon qui s'en dégageait que le Parlement, revenant à la doctrine traditionnelle, décida, par l'article 69 de la loi de finances du 26 janvier 1892, de créer, sous l'unique dépendance du Ministère du Commerce, les écoles pratiques de commerce et d'industrie. Quelques années plus tard, le Parlement, obéissant à la même idée, plaçait dans les attributions de ce même Ministère les quatre Écoles nationales professionnelles de Vierzon, Armentières, Voiron et Nantes, qui, jusque-là, relevaient et du Commerce et de l'Instruction publique. Cette décision a été prise il y a trois ou quatre ans à peine, et l'on demanderait à la Chambre de voter aujourd'hui tout juste le contraire!

Enfin, une loi en date du 27 décembre 1900 a placé sous la seule autorité du Ministère du Commerce les écoles professionnelles de la ville de Paris.

Tous les précédents que je viens de citer ne prouvent-ils pas, et de la façon la plus irréfutable, qu'il est de tradition de soumettre à l'autorité des Ministres compétents les divers enseignements spéciaux?

Mais alors, dira-t-on, pour quelle raison M. le Rapporteur du budget de l'Instruction publique part-il en guerre contre ce principe séculaire? Une phrase, que je relève dans son rapport, fournit la réponse à cette question : « Loin d'être absorbé par les écoles professionnelles, écrit-il, l'enseignement primaire supérieur, au contraire, s'il entre dans cette voie nouvelle, est appelé à leur faire une heureuse concurrence » (p. 338). Ah! n'est-ce pas là ce que je me permettrai d'appeler l'idée de derrière la tête? Parlons net. Dans le grave problème qu'il soulève aujourd'hui, M. Massé voit avant tout la concurrence que les écoles pratiques font aux écoles primaires supérieures.

Surtout, Messieurs, je vous prie bien de croire

que lorsque je dis « M. Massé », je ne dis pas le « Ministère de l'Instruction publique », car jamais le Ministère de l'Instruction publique n'a eu la plus petite arrière-pensée contre les écoles pratiques, qu'au contraire il aime d'une affection particulière, et, d'autre part, jamais — le fait est notoire — jamais rapporteur et bureaux n'ont collaboré pour la rédaction du rapport de leur Ministère!

C'est, dis-je, la préoccupation dominante de la concurrence qui a empêché sans doute mon excellent collègue de se souvenir que le Ministère du Commerce avait un rapporteur spécial naturellement qualifié pour traiter la question des écoles pratiques. C'est, hanté toujours par cette crainte de la concurrence, qu'il arrive, pour la supprimer tout à fait, à demander le rattachement de la direction de tout l'enseignement technique au Ministère de l'Instruction publique.

Mais, Messieurs, si ladite concurrence n'existait pas, il faudrait l'inventer! Personne n'ignore que la concurrence, qui parait si regrettable à M. le Rapporteur, a été un élément incontestable de progrès. Tout le monde sait que, si des améliorations ont été apportées dans l'organisation des écoles primaires supérieures, — améliorations que, nous le verrons, M. Massé trouve lui-même fort insuffisantes, — tout le monde sait que, si une orientation nouvelle, dans le sens professionnel, leur a été donnée, c'est grâce à cette concurrence dont mon collègue gémit aujourd'hui, et dont, au contraire, il devrait se féliciter.

Tout au moins, pour demander au Parlement de

renier le principe traditionnel des enseignements spéciaux donnés par les Ministères compétents, faudrait-il apporter la preuve que l'application de ce principe a eu de mauvais résultats et démontrer que le régime préconisé servira mieux les intérêts de la démocratie et de l'enseignement professionnel. Cette preuve, le très distingué représentant de la Nièvre ne l'a pas faite, et il ne peut pas la faire. Pour les écoles pratiques de commerce et d'industrie, par exemple, auxquelles il s'est surtout et presque exclusivement attaqué, un examen attentif de leur situation montre au contraire leur prospérité.

En 1893, c'est-à-dire un an après le vote de la loi qui les a créées, les écoles pratiques étaient au nombre de 11, comptant 1.717 élèves ; au 1er octobre dernier, on en comptait, je l'ai dit, 51, avec 10.000 élèves ! Ainsi, en dix ans, le nombre des écoles a plus que quadruplé, celui des élèves a plus que quintuplé ! Que dis-je ! n'est-on pas fondé à se demander si ce n'est pas précisément cette prospérité qui cause les alarmes de M. le Rapporteur? Il sent bien, en présence de pareils résultats, qu'il faut professionnaliser davantage les écoles primaires supérieures ; mais il n'ignore pas, d'autre part, que si le Ministère de l'Instruction publique entre dans cette voie, — qui n'était pas celle en vue de laquelle elles avaient, à l'origine, été créées, — il perdra, l'une après l'autre, les écoles primaires supérieures. Les municipalités, en effet, préféreront alors les voir transformées carrément en écoles pratiques de commerce et d'industrie. « Le fait, écrit tristement M. Massé, s'est déjà produit », et bien des personnes, loin de souhaiter que l'on mette l'enseignement technique à l'Instruction publique, proposent, au contraire, de donner au Commerce, comme écoles pratiques, les écoles primaires supérieures qui, elles, n'ont guère prospéré. Aussi, prévenant le danger, c'est-à-dire voulant éviter que les écoles primaires supérieures, en devenant écoles pratiques, n'échappent au Ministère de l'Instruction publique, il propose tout simplement de faire absorber les écoles pratiques par le Ministère de l'Instruction publique.

Le grand reproche que, pour justifier cette proposition, M. Massé adresse aux écoles pratiques est « de ne pas s'occuper du développement des diverses facultés de l'adolescent » et de préparer trop exclusivement à une profession. Singulier reproche, en vérité! La préparation à une profession n'est-elle pas la raison d'être des écoles pratiques? N'est-elle pas aussi la raison de leur succès? Mais, d'ailleurs, la préparation à une profession n'est pas incompatible avec une culture intellectuelle, et mon collègue, qu'il me permette de le lui dire amicalement, se serait abstenu de faire aux écoles pratiques le reproche qu'il leur adresse, s'il les connaissait mieux.

Consultez, en effet, le programme de ces écoles, vous constaterez qu'indépendamment de la morale, neuf heures de classe en première année, douze en deuxième année et sept heures et demie en troisième, sont consacrées par semaine à l'enseignement général, qui comprend : la langue française, l'histoire, la géographie, l'histoire naturelle, l'hygiène, la physique, la chimie, l'arithmétique, etc.

Voilà les faits, Messieurs, et l'on conviendra qu'ils sont loin de confirmer les critiques de l'honorable rapporteur. Ils prouvent, au contraire, qu'en organisant l'enseignement industriel et commercial, le Ministère du Commerce s'est imposé la tâche non seulement de former des jeunes gens aptes à exercer utilement et fructueusement une profession commerciale ou industrielle, mais aussi des hommes et des citoyens éclairés.

Que l'on ne dise pas non plus que le personnel enseignant des écoles pratiques est moins bien placé que celui de l'Instruction publique pour donner cet enseignement. Les professeurs des écoles pratiques, Mesdames, Messieurs, se recrutent, presque en totalité, parmi les maîtres déjà pourvus des grades et des diplômes de l'Instruction publique. Ces jeunes gens reçoivent en plus dans les sections normales annexées à l'Ecole d'arts et métiers de Châlons pour l'enseignement industriel, à l'Ecole des hautes études commerciales pour l'enseignement commercial, une instruction pédagogique spéciale.

M. Massé se plaint encore amèrement de ce que les écoles professionnelles échappent au contrôle des inspecteurs d'Académie et des inspecteurs primaires chargés de la surveillance des écoles primaires supérieures, et de ce que ces écoles ne dépendent que du Ministre du Commerce, renseigné par ses inspecteurs généraux.

Il est vrai, les écoles pratiques ne sont point placées sous l'autorité des inspecteurs d'Académie et des inspecteurs primaires; mais elles sont loin pour cela d'être abandonnées à elles-mêmes. Ces écoles sont soumises, en effet, à un triple contrôle, celui des inspecteurs généraux, celui des inspecteurs des écoles pratiques, et enfin le contrôle permanent des inspecteurs départementaux.

Vous connaissez, Messieurs, le rôle de l'inspecteur général; celui des inspecteurs et de l'inspectrice des écoles pratiques est peut-être moins familier à un certain nombre d'entre vous. On compte deux inspecteurs et une inspectrice des écoles pratiques de commerce et d'industrie. Chacun d'eux fut naguère à la tête d'une de ces écoles. Ils connaissent donc jusqu'aux moindres détails, leur compétence est entière, leur activité incessante et, constamment, ils sont en contact avec le personnel soumis à leur contrôle. En un mot, distingués et zélés collaborateurs de la Direction de l'enseignement technique, dont mon collègue de la Chambre paraît ignorer l'existence.

Quant aux inspecteurs départementaux, ils ne sont pas des fonctionnaires. Est-ce donc un défaut? Et M. Massé pense-t-il qu'il suffirait d'ajouter à nos 600.000 fonctionnaires quelques unités de plus pour voir l'enseignement technique prendre en France un essor que l'Europe nous envierait? Les inspecteurs départementaux ne sont pas rétribués. Est-ce donc un vice? Ce sont des ingénieurs, des industriels, des commerçants, tous bien placés pour apprécier et surveiller la formation donnée aux jeunes gens qui seront demain des employés de leurs usines ou de leurs magasins. Bien mieux que ne pourrait le faire un universitaire, leurs observations et leurs conseils contribuent à maintenir aux écoles industrielles et commerciales le caractère pratique qui distingue leur enseignement. D'ailleurs, Messieurs, en associant à son action administrative et pédagogique des personnes vivant de la vie de tout le monde, des pères de famille échappant à l'atmosphère qui, inévitablement, et malgré lui, enveloppe et étreint à la longue le fonctionnaire de carrière, le Ministère du Commerce ne poursuit-il pas une œuvre éducative éminemment utile? Et ne donne-t-il pas satisfaction, dans la sphère de son influence, aux *desiderata* formulés par la grande Commission d'enquête parlementaire sur la réforme de l'éducation dont vous connaissez le travail?

On le voit donc, Mesdames, Messieurs, cette organisation offre aux familles toutes les garanties désirables. Aussi le Ministère du Commerce a-t-il parfaitement atteint le but qu'il s'était proposé. On en trouve la preuve, et la preuve incontestable, dans ce fait que les municipalités, en nombre de plus en plus grand, sollicitent la création d'écoles pratiques, dont l'enseignement est toujours et avant tout adapté aux besoins de la région. C'est ainsi, par exemple, qu'en dehors de la mécanique générale, on s'occupera à Saint-Etienne de l'armurerie et des rubans; à Nîmes et à Lille, de la lithographie et des arts du livre; à Romans, de l'industrie de la chaussure; au Puy, de celle de la dentelle; à Fourmies, des tissus, etc.

Or, le Ministère de l'Instruction publique est un organisme trop savant, trop vaste, et n'est pas, comme le Ministère du Commerce, outillé pour pouvoir se plier ainsi aux multiples et si différents besoins des localités.

Du reste, ce que M. Massé lui-même dit, à cet égard, de l'état actuel des écoles primaires supérieures, suffit amplement pour nous donner bien des inquiétudes sur le sort qui attendrait les écoles pratiques de commerce et d'industrie, — aujourd'hui en pleine prospérité, — si elles étaient transférées à l'Instruction publique. « C'est seulement, dit-il, après un an ou deux d'enseignement général orienté du côté professionnel, que commence la spécialisation. » Pendant une année seulement, la dernière par conséquent, les élèves sont spécialisés, et cela doit leur suffire pour leur permettre de faire leur choix entre une « *vingtaine* » de professions. Tous ceux qui sont quelque peu familiarisés avec les choses de l'enseignement professionnel n'hésiteront pas à condamner un pareil système. N'est-il pas évident que préparer en un an à une vingtaine de professions, c'est ne préparer à aucune? Notez bien que l'enfant, dans ce système, commencerait réellement son apprentissage à la sortie de l'école; or, combien de parents pourraient supporter aussi longtemps un aussi lourd fardeau?

Les écoles primaires supérieures ne suffisent donc pas, et fussent-elles même perfectionnées selon le plan de M. le Rapporteur, avec, selon sa propre expression, « un virage au professionnel de ce qui existe actuellement », elles ne pourraient pas suffire pour répondre à tous les besoins des familles non plus qu'à tous les besoins du commerce et de l'industrie. C'est encore M. Massé lui-même qui va le constater. Il reconnaît, en effet, que les écoles primaires supérieures ne peuvent qu'« ébaucher l'apprentissage » et, d'autre part, il estime que « l'apprentissage à l'atelier doit être rigoureusement écarté ». Mais, alors, si l'on admet les idées du député de la Nièvre, où donc se fera l'apprentissage? Ce ne sera pas, dit-il, à l'école primaire supérieure, où on l'ébaucherait seulement; ce ne sera pas non plus à l'atelier, dont il ne veut pas! Ne fournit-il pas ainsi la meilleure justification qui puisse être donnée de l'existence des écoles pratiques de commerce et d'industrie qui, elles, sont de véritables écoles d'apprentissage pour les jeunes gens destinés à être employés directement à l'atelier ou au magasin?

D'autre part, tout le monde sait que l'apprentissage à l'atelier tend de plus en plus à disparaître et qu'il n'existe plus qu'à l'état d'exception. Les causes qui contribuent à sa disparition sont multiples : ce sont les difficultés de la vie et l'appât pour les familles d'un gain immédiat; le développement de la grande industrie qui ne permet que rarement aux patrons de s'occuper des apprentis; le développement du machinisme et la spécialisation la plus étroite engendrés par la nécessité de produire vite et à bon marché. Toutes ces causes font que les enfants qui entrent à l'usine n'apprennent pas leur métier. Condamnés à conduire une machine ou à produire toujours la même pièce, ce sont, en réalité, des manœuvres spécialisés.

Le Conseil supérieur du Travail, pour se rendre

compte de l'étendue du mal, a procédé en 1902 à une enquête générale. Cette enquête a été concluante ; elle a démontré que, dans les industries où l'on ne forme plus d'apprentis, la valeur professionnelle décroît, que les salaires baissent et que les chômages sont plus intenses et plus fréquents.

Or, la disparition de l'apprentissage, c'est la décadence de l'industrie, et en France, où la prospérité commerciale et industrielle tient surtout au goût et à la perfection des produits, c'est une nécessité, plus que partout ailleurs, de posséder des ouvriers d'élite.

Le Ministère du Commerce s'est rendu compte que, quels que soient les efforts par lui faits pour multiplier les écoles professionnelles, la grande masse des travailleurs ne pourrait en profiter. Il a donc eu à se préoccuper de donner à la population ouvrière l'instruction théorique et pratique dont elle a besoin. Pour atteindre ce but, il n'y avait qu'un moyen : les cours professionnels ou de perfectionnement. C'est pour cela que le Ministère du Commerce provoque la création de cours techniques par des groupements professionnels, syndicats ouvriers, syndicats patronaux, bourses du travail, associations, etc., etc. C'est pour cela qu'il les encourage de ses subventions et de ses conseils.

Il a fait plus encore, et j'ai eu l'honneur, en ma qualité de membre du Conseil supérieur de l'Enseignement technique, d'être associé à ce travail; il a préparé un avant-projet de loi qui tend à organiser des cours professionnels dans toutes les communes de France où une pareille organisation sera reconnue nécessaire. Que dis-je, sous certaines conditions, la fréquentation de ces cours sera *obligatoire* pour tous les ouvriers ou employés de moins de dix-huit ans. N'est-il pas pénible, en effet, de constater que, sur les 600.000 jeunes gens des deux sexes qui sont occupés dans le commerce ou dans l'industrie, plus de 500.000, près de 90 0/0, ne fréquentent pas les cours professionnels et ne reçoivent aucune instruction technique !

Il s'agit là d'une œuvre considérable à laquelle l'État ne pourrait seul suffire. Pour en assurer le succès, il y aura lieu de faire appel aux Chambres de commerce, aux Syndicats patronaux, aux Syndicats ouvriers, à des ingénieurs, à des professeurs techniques. Or, ces organismes, ces compétences, n'est-ce pas autour du Ministère du Commerce que tous sont naturellement ralliés ? N'est-ce pas ce Ministère qui, mieux que tout autre, pourra s'assurer leur concours ?

De tout cela ne résulte-t-il pas, d'une façon évidente, que l'enseignement technique est lié, et lié de la manière la plus étroite, à l'organisation du travail industriel ou commercial ?

C'était aux corporations qu'il appartenait jadis de s'occuper de l'instruction des futurs ouvriers et des futurs employés. Le Ministère du Commerce, Mesdames, Messieurs, a hérité de cette mission. L'enseignement technique, avec ses écoles spéciales, comme avec ses cours pour les apprentis, fait partie intégrante de ce Département, en attendant que soit créé le Ministère du Travail, dont il constituerait un des services essentiels.

Et, pour conclure, la définition même de l'enseignement technique telle qu'elle est inscrite dans le projet de loi précité n'indique-t-elle pas que c'est du Ministère du Commerce et de lui seul qu'il doit relever? « L'enseignement technique industriel ou commercial n'est-il pas, en effet, celui qui a principalement pour objet, sans préjudice d'un complément d'enseignement général, l'étude théorique et pratique des sciences et des arts ou métiers, en vue de l'industrie ou du commerce? » Dès lors, pourquoi le mettre à l'Instruction publique, ministère d'études presque exclusivement spéculatives?

Au surplus, la France, où l'enseignement technique relève du Ministère du Commerce et de l'Industrie, est-elle à cet égard une exception?

Pas du tout.

En Angleterre, l'enseignement technique, établi par les lois de 1889, de 1890 et de 1891, dépend et du « Département de Science et d'Art » et du « Département d'éducation », avec un budget d'Etat de 20 millions pour l'un et de 5 millions seulement pour l'autre. A ces sommes, il faut ajouter les ressources presque inépuisables offertes aux autorités locales par les revenus des divers impôts spéciaux. En cette matière, comme en toutes autres, on le voit, les Anglais ont su faire vite et bien parce qu'ils ont su faire grand. La clientèle des seuls *Polytechnic's Institutes* de Londres dépasse à cette heure 35.000 personnes!

« En Autriche, écrit M. Jacquemart dans son rapport sur l'enseignement technique de 1900, le Ministère de l'Instruction publique avait vu, dans le

Ministère du Commerce, nouvellement créé, un rival dans l'intérêt porté à l'enseignement industriel. Toutefois, ajoute-t-il, cette rivalité même eut par la suite d'heureux résultats, les deux Ministères ayant lutté littéralement à qui fonderait le plus d'établissements d'éducation industrielle; cette lutte a, sans doute, beaucoup contribué au résultat final, l'organisation actuelle du système d'écoles industrielles pris dans son ensemble, dont l'Autriche a le droit d'être fière. ».

En Belgique, en 1902, il existait 379 établissements d'enseignement technique, subsidiés par le Gouvernement, avec près de 42.000 élèves. Résultat superbe, Messieurs, étant donné la population du pays. Or, en Belgique, l'enseignement technique dépend non du Ministère de l'Instruction publique, mais du « Département de l'Industrie et du Travail ».

Et il n'est pas jusqu'aux Etats les plus nouvellement nés qui ne suivent cette tradition. En Bulgarie, par exemple, l'enseignement technique est forcément de date toute récente, de 1883, principalement de 1893. Eh bien, il a été mis de suite et sans hésitation au Ministère du Commerce.

En Italie, le Ministère de l'Agriculture, de l'Industrie et du Commerce s'occupe des écoles industrielles et commerciales proprement dites, et, Messieurs, il a 206 écoles, avec 32.000 élèves, dont 20.000 appartenant aux écoles industrielles ou commerciales et 12.000 aux écoles d'art appliqué, ce qui, soit dit en passant, justifie l'idée qui, chez nous, lors du Ministère Gambetta, fit mettre la Direction de l'Enseignement technique au Ministère des Arts, et ce qui — je signale tout particulièrement le fait — montre aussi l'importance attachée, à très juste raison, en Italie, à la partie artistique de l'enseignement technique.

En Allemagne, oh! ici, Messieurs, il n'est pas aussi facile de savoir, du moins pour l'enseignement industriel. De sa nature, l'Allemand n'est pas très communicatif, mais lorsque l'intérêt de son pays est en jeu, il devient tout à fait impénétrable. A l'Exposition de 1900, l'Allemagne, qui, dans les classes de l'industrie, avait réalisé et montré un effort immense, l'Allemagne, ai-je dit, dans la classe de l'enseignement technique, au contraire, brillait par son absence. Il n'est pas téméraire alors d'affirmer que cette absence était calculée et voulue. Je n'en veux pour preuve que la petite anecdote suivante : me trouvant un jour dans la section de la classe VI, je faisais la rencontre d'un professeur allemand, très versé dans les choses de l'instruction professionnelle, et je lui manifestais ma vive surprise de ne pas voir son pays prendre part, comme les autres peuples, au tournoi international de l'éducation technique. Il m'expliqua alors la raison de leur abstention, qui est celle-ci : chez eux, l'enseignement industriel est une arme de guerre, l'arme dont ils prétendent se servir pour nous combattre, nous et les autres. Cette arme de guerre, ils ne la montrent pas à tout venant. Et il conclut par ces paroles : « Est-ce que nous montrons nos canons? »

« L'impression qui domine, en effet, lorsqu'on revient d'Allemagne, écrivait en 1901 M. Torau-Bayle, envoyé en ce pays par le Ministère du Commerce pour y étudier l'enseignement commercial, c'est celle de tout un peuple « mobilisé » pour la conquête industrielle et commerciale du monde. » Et, Messieurs, n'est-ce pas sur l'initiative du prince de Bismarck lui-même que, en Prusse, l'enseignement technique a été transféré du Ministère de l'Instruction publique au Ministère du commerce? Pour justifier cette mesure, le grand homme d'État prussien, qui n'avait pas dédaigné de se charger personnellement du Ministère du Commerce, afin de donner une plus forte impulsion à l'instruction professionnelle, adressait à M. le Président de la Chambre des députés, M. de Roller, un exposé où il écrivait : « Toutes ces questions ne peuvent être traitées avec l'attention réclamée par les intérêts industriels généraux et avec pleine assurance de durée que par le service véritablement compétent en matière d'industrie et qui possède seul les moyens d'approfondir la situation de l'industrie et ses besoins et de s'en rendre compte d'une manière suivie, en un mot le service de qui dépendent des organes comme les Chambres de commerce, les corps de métiers et autres associations industrielles dont on peut attendre la collaboration à la solution de cette tâche. » Plus loin, dans le but évident de bien montrer qui on visait, il ajoutait : « Pour un nombre considérable d'articles d'exportation, la faculté de faire concurrence sur le marché étranger dépend d'une exécution artistique et d'une apparence qui soient de bon goût ; il est donc d'une très grande importance que l'Allemagne ne reste pas à cet égard en arrière d'autres pays, tels que la

France, mais plutôt qu'elle obtienne le premier rang. » Le Ministère du Commerce était créé en 1879; ces lignes sont de 1883, et aujourd'hui, 1903, le nombre des élèves des écoles de commerce et d'industrie d'Allemagne s'élève à 71.078.

En outre, c'est par centaines de mille (203.250 rien qu'en Prusse) qu'il faudrait compter les apprentis occupés à l'atelier et recevant dans des cours de perfectionnement, le plus souvent obligatoires, le soir ou le dimanche, une instruction professionnelle complémentaire.

Vous le voyez, c'est bien une armée, et nous savons quel est son objectif!

En Hongrie, l'enseignement industriel forme au Ministère du Commerce une division gérée par « le directeur général de l'enseignement professionnel », et le budget de l'enseignement industriel a passé de 94.103 francs en 1890 à 2 millions aujourd'hui. A ce budget vient s'adjoindre une somme de plus d'un million pour les écoles — obligatoires, ne l'oublions pas — d'apprentis, lesquels sont au nombre de plus de 100.000!

Enfin, en Amérique, — et c'est par là que je termine cette longue mais instructive énumération, — l'instruction n'est pas, comme en France ou en d'autres pays, centralisée, — même indirectement, ainsi qu'en Angleterre, — aux mains du Gouvernement. Chacun des Etats reste seul juge de l'organisation qui lui convient, de l'orientation qu'il lui plaît de donner à l'éducation. Il est donc difficile de préciser, — en ce moment encore du moins, — de quel côté est dirigé l'enseignement technique; mais dans une étude de M. Pourcelot sur *l'Éducation professionnelle et technique aux Etats-Unis*, faite d'après le *XVII*[e] *Rapport annuel du commissaire du Travail*, à Washington, en 1902, je lis cette conclusion : « Il est spécialement agréable de pouvoir affirmer, après la lecture des 167 pages du rapport relatives à la France, que les Américains suivent avec un vif intérêt les progrès de notre enseignement technique, l'apprécient hautement et lui rendent pleine justice. » Voici, d'ailleurs, Messieurs, et textuellement reproduites, quelques-unes des lignes que, au nom du Département du Travail à Washington, l'auteur de ce rapport, M. Carrol D. Wrigt, consacrait à notre enseignement technique : « On peut difficilement exagérer l'importance de la réforme accomplie par cette loi (notre loi du 26 janvier 1892). Pour la première fois, la France était dotée d'un système d'écoles primaires techniques et professionnelles sous l'autorité du Gouvernement et dirigées par le Département ayant affaire à l'industrie et au commerce plutôt qu'à l'éducation. Cette politique du rattachement au Ministère du Commerce et de l'Industrie de toutes les écoles donnant l'éducation commerciale et industrielle provoqua le transfert à ce Département des quatre écoles nationales professionnelles d'Armentières, Nantes, Voiron et Vierzon. Environ 40 écoles primaires supérieures pourvues de cours industriels n'ont pas encore un enseignement technique suffisamment développé pour les faire rattacher au Ministère du Commerce, mais la tendance est vers la transformation de toutes les écoles de ce genre en écoles pratiques » (p. 711 du *Rapport*). Vraiment, Messieurs, cet Américain pense et écrit fort bien sur les choses de France. Cependant je ne crois pas qu'il prenne le bon chemin pour obtenir du Ministère de l'Instruction publique, même au titre étranger, les palmes d'officier d'Académie ! Enfin, tout dernièrement, à Saint-Louis, le Président Roosevelt, parlant de la part prise à l'Exposition par notre Direction de l'enseignement technique, rendit hommage public à la supériorité de l'enseignement professionnel de France.

Tous ces exemples ne montrent-ils pas, d'une part, que la solution qui a prévalu jusqu'ici en France a également de très nombreux partisans à l'étranger et, d'autre part, que c'est là où l'enseignement technique relève du Ministère du Commerce, de l'Industrie et du Travail, qu'il a pris le plus large développement et qu'il s'est le mieux adapté aux besoins auxquels il doit satisfaire ?

Le Ministère de l'Instruction publique dispose, certes, d'un personnel d'élite, et nul ne l'apprécie plus que moi ; mais, quel que soit le mérite de ce personnel, ce n'est pas l'amoindrir que de ne le point proclamer universel. Le Département de l'Instruction publique a, par l'enseignement général à tous ses degrés, la mission de former l'esprit et le cœur de la jeunesse française. C'est là une tâche assez belle et assez vaste pour occuper utilement toute son activité.

Au reste, Messieurs, dans la discussion du budget qui vient d'avoir lieu à la Chambre, il n'a pas été dit un mot du rattachement de l'enseignement technique au Ministère de l'Instruction publique. Je le regrette, car, si cette discussion s'était ouverte, non seulement la Chambre se serait prononcée contre le rattachement, mais encore, — l'adoption des amendements Breton et Siegfried relevant les crédits de certaines écoles du Ministère du Commerce permet de l'affirmer, — elle aurait manifesté sa ferme volonté de maintenir l'état de choses actuel qui a donné des résultats excellents, presque inespérés. M. le Rapporteur de l'Instruction publique lui-même se tint coi. Il n'y a donc rien de changé. Il n'y a qu'un rapport de plus.

Oui, gardons-nous de toucher à l'organisation de l'enseignement technique, œuvre du Ministère du Commerce. Cette organisation, Mesdames, Messieurs, elle a fait ses preuves. Par un système d'éducation professionnelle mal conçu, et qui trop souvent, — le passé des écoles primaires supérieures autorise à le craindre, — n'aurait de professionnel que le nom, ne créons pas encore de nouvelles légions d'aspirants fonctionnaires, de faux savants, toujours mécontents ; n'augmentons pas le nombre déjà beaucoup trop considérable de jeunes gens qui regardent le travail manuel comme une déchéance.

Loin donc de diminuer l'importance de l'enseignement technique en l'envoyant au Ministère de l'Instruction publique, où l'on daignerait certes le recevoir, mais comme on reçoit un parent pauvre, il faut le laisser au Ministère du Commerce qui l'a créé et qui, à juste titre, est fier de son enfant; il faut, au contraire, le plus que le permettra l'état des finances du pays, augmenter encore, augmenter toujours son importance. Que sont les 5 malheureux millions que nous donnons au budget de l'enseignement technique à côté des sommes consacrées à ce même enseignement par l'Allemagne, par l'Autriche, par l'Italie, par les Etats-Unis, et aussi, proportionnellement, bien entendu, au chiffre de la population, par la Belgique, par la Suisse, par la Hongrie? Songez que les 5 millions du budget de l'enseignement technique français n'atteignent pas la somme dont dispose le seul bureau de l'éducation de Londres!

Il faut, enfin, plus que jamais, Messieurs, continuer votre campagne pour le développement de l'instruction technique. Votre conception de ce que doit être l'enseignement dans une démocratie bien comprise, *aimée, et non flattée*, et de ce que doit être l'éducation des générations de l'avenir au milieu des gigantesques luttes pour la vie et pour la suprématie industrielle et commerciale où sont engagées toutes les nations, est et reste la bonne.

Poursuivez votre sillon sans vous laisser arrêter par l'indifférence des trop nombreuses autruches qui se mettent la tête sous l'aile pour ne pas voir le danger imminent, ou par les cris et les phrases à panache des imprudents ou des sots que le « pas un bouton de guêtre ne manque » de 1870 n'a point guéris, éternels naïfs pour qui demeurera éternellement vrai le mot de Franklin : « Quand on ne veut pas écouter la raison, elle ne manque jamais de se faire sentir. » (*Applaudissements prolongés.*)

AU CONSEIL SUPÉRIEUR DE L'ENSEIGNEMENT TECHNIQUE

L'ENSEIGNEMENT PRIMAIRE SUPÉRIEUR

(16 mars 1905)

Pendant la session dernière du Conseil supérieur de l'enseignement technique à la séance du 16 mars 1905, M. Modeste Leroy fut amené à répondre à M. Girod, qui venait de faire la critique des écoles primaires supérieures et de se déclarer partisan de leur suppression.

M. Modeste Leroy. — Je veux simplement répondre un mot à l'amabilité de M. Girod, qui a bien voulu rappeler une conférence que j'ai eu l'honneur de faire, et je veux aussi et surtout prendre acte de sa déclaration.

M. Girod, professeur au lycée de Rouen, vient donc de déclarer au Conseil supérieur de l'Enseignement technique qu'à son point de vue les écoles primaires supérieures, telles qu'elles sont actuellement comprises, ne répondent plus à un besoin réel. C'est une affirmation très grave, très importante, qu'il me permette de le lui dire; et elle est d'autant plus significative qu'elle vient d'un universitaire. Il n'est pas douteux, en effet, qu'après la réforme de l'enseignement secondaire réalisée selon les *desiderata* exprimés par la Chambre il y a deux ans, à la suite de la grande enquête si magistralement conduite par M. Ribot, l'enseignement primaire supérieur n'a plus de raison d'être ; car il se confond avec le premier cycle B de l'enseignement secondaire, lequel premier cycle est, ou à peu près, on l'a trop oublié, l'enseignement spécial primitif de M. Duruy. On a beau faire, on a beau dire, et M. Girod l'a rappelé avec raison, c'est toujours à M. Duruy que revient l'honneur d'avoir institué l'enseignement véritablement moderne qu'aujourd'hui nous sommes réduits à exécuter.

Notre collègue est, par conséquent, fondé à dire au Conseil supérieur qu' « il estime que l'enseignement primaire supérieur fait actuellement double emploi avec les autres enseignements », et il n'est pas moins autorisé à conclure : « Aux écoles primaires supérieures qui ne donnent pas un enseignement professionnel suffisant, on vient d'enlever l'enseignement général. Que leur reste-t-il donc ? Rien. Elles doivent disparaître, et leur population doit se diviser en deux groupes : l'un allant dans les lycées pour l'enseignement général et l'autre se dirigeant vers les écoles pratiques du Ministère du Commerce. »

Cette opinion de M. Girod, — je suis très heureux de le dire, moi qui ai précisément fait une conférence sur la nécessité absolue, impérieuse, de réserver au Ministère du Commerce et de l'Industrie tout l'enseignement technique, — cette opinion de M. Girod nous permet de proclamer bien haut, Messieurs, l'urgence qu'il y a, dans l'intérêt sagement entendu de la démocratie et de la prospérité économique du pays, à transformer au plus vite les écoles primaires supérieures en écoles pratiques et professionnelles. Elle nous permet aussi de constater que, dans l'Université, tout le monde n'a pas l'esprit essentiellement spéculatif; nous le savons par expérience, puisque nous avons l'habitude de voir parmi nous M. Girod et M. Martel.

(*Bulletin de l'Enseignement technique*, n° 18,
1 novembre 1905, p. 467, 468 et 469.)

BOURSES ACCORDÉES AUX ÉLÈVES DES ÉCOLES NATIONALES PROFESSIONNELLES

(16 NOVEMBRE 1905)

Au cours de la discussion du budget du Ministère du Commerce pour l'exercice 1906, M. Paul Constans et un certain nombre de ses collègues ayant présenté un amendement tendant à augmenter le crédit du chapitre 18 de 22.000 francs, pour augmenter de quarante le nombre des bourses accordées aux élèves des écoles nationales professionnelles, M. Modeste Leroy prit la parole pour combattre cet amendement, qui, d'après lui, était une demi-mesure, insuffisante et inopportune.

M. Modeste Leroy obtint gain de cause, puisque l'amendement fut repoussé par 287 voix contre 214.

Voici le compte rendu de cette intervention de M. Modeste Leroy :

M. Modeste Leroy. — Messieurs, je n'ai pas, vous le pensez bien, la prétention de faire assaut d'éloquence avec M. Paul Constans. Notre honorable collègue me permettra cependant de lui dire que j'ai été quelque peu étonné de son langage; je me demandais, en l'écoutant, si c'était lui qui devenait modéré ou si c'était moi qui devenais socialiste. (*Rires.*)

M. Lasies. — Ce n'est certainement pas vous.

M. Modeste Leroy. — Tout ce qu'a dit M. Paul Constans, j'ai eu l'honneur de le dire à la Chambre quelque temps avant lui.

M. Paul Constans (Allier). — Qu'est-ce que cela prouve?

M. Maurice Violette. — Cela prouve que c'est vrai.

M. le Président. — Cela prouve au moins que vous êtes d'accord.

M. Modeste Leroy. — M. Paul Constans demande l'extension des bourses d'enseignement professionnel. Je crois pouvoir rappeler, Messieurs, que le premier dans cette Chambre, le premier presque dans le Parlement qui a demandé l'augmentation du nombre des bourses d'enseignement professionnel, c'est celui qui, en ce moment, a l'honneur de vous parler. C'est dire que je suis entièrement d'accord avec M. Paul Constans — et je tenais à signaler cet accord — pour demander que le nombre des bourses de l'enseignement professionnel soit augmenté le plus possible.

Mais, pour être conséquent avec ses prémisses, M. Paul Constans n'aurait pas dû se borner à demander la création de quarante malheureuses bourses dans les écoles nationales professionnelles, il aurait dû en demander davantage.

M. Tournade. — Il faut demander la gratuité.

M. Paul Constans (Allier). — Je l'ai dit au début de mes observations.

M. Modeste Leroy. — ... Il aurait dû demander l'inscription au budget d'un crédit bien plus élevé, afin de généraliser dans notre pays cet enseignement professionnel, autrement utile dans une démocratie que l'enseignement classique. Ce que je comprendrais, ce que je voudrais, c'est que la Chambre fût appelée à se prononcer non sur la proposition tout à fait insuffisante et par suite à peu près inefficace de M. Paul Constans, mais sur une mesure plus générale, plus complète, en votant l'augmentation de l'ensemble des crédits consacrés à l'allocation des bourses, et dans les écoles nationales professionnelles, et dans l'enseignement professionnel tout entier.

D'ailleurs, Messieurs, voici, en somme, l'argument décisif pour lequel, cette année, je ne sollicite pas, comme mon collègue, l'augmentation du nombre de ces bourses : si je suis bien renseigné — et je crois l'être — les écoles nationales professionnelles sont maintenant au grand complet, elles sont obligées de refuser des élèves. Peut-être M. Paul Constans objectera-t-il qu'un certain nombre de ces élèves sont des élèves payants. Mais parce que leurs parents payent, les enfants sont-ils moins intéressants que ceux dont les parents ne payent pas ? Faut-il, pour prendre des boursiers, renvoyer les autres ? Voilà la question telle qu'elle se pose devant la Chambre et telle que je la pose à M. Paul Constans lui-même. Je suis convaincu que notre collègue, réservant pour l'an prochain ses excellentes dispositions, ses idées si sages en matière d'enseignement, voudra bien se joindre à moi, si nous appartenons encore tous deux à cette Chambre, pour formuler une demande beaucoup plus radicale et plus sociale que la sienne. (*Très bien! très bien! au centre et sur divers bancs à gauche.*)

(*Journal officiel*, numéro du 17 novembre 1905 : *Débats parlementaires, Chambre des députés*, p. 3312 et suiv.)

SUBVENTION AUX ÉCOLES SUPÉRIEURES DU COMMERCE

(16 NOVEMBRE 1905)

Au cours de la discussion du budget du Ministère du Commerce pour l'exercice 1906, M. Modeste Leroy présenta, avec M. Siegfried et un certain nombre d'autres collègues, un amendement tendant à augmenter le crédit du chapitre 20 de 100.000 francs, pour augmenter la subvention aux écoles supérieures de Commerce.

Voici en quels termes M. Modeste Leroy défendit cet amendement à la tribune :

M. Modeste Leroy. — Messieurs, je vous demande pardon d'insister; je serai d'ailleurs très bref, car j'ai pu constater que notre honorable collègue M. Lasies était fatigué. (*On rit.*)

M. Lasies. — Parfaitement, j'ai le droit de l'être!

M. Modeste Leroy. — Il est bon que la Chambre sache la situation de ces écoles supérieures de commerce. Si elles battaient leur plein effectif, si la nouvelle loi militaire n'était pas votée, elles devraient comprendre une population scolaire de 1.748 élèves; mais, par suite de la discussion de la loi militaire l'an dernier, au lieu de récolter 1.748 élèves, elles n'en ont eu que 1.311, soit 437 de perdus. De plus, 323 de ces élèves ont profité d'une faculté donnée par la loi nouvelle militaire et ont demandé à faire immédiatement leur année de service, ce qui a réduit cette année l'effectif de ces écoles à 900 élèves payants environ. Les administrateurs de ces établissements avaient estimé que le déficit ne serait que de 150.000 francs. Il se trouve, par le fait que 323 élèves ont demandé à faire immédiatement leur année, que le déficit s'élève à 378.000 francs, et lorsque nous demandons, MM. Siegfried, Chaumet, Cazeneuve et moi, d'accorder 100.000 francs, nous ne demandons qu'à peine le tiers de ce déficit, comptant — et nous ne croyons pas nous tromper — sur la générosité des Chambres de commerce, des Conseils généraux et des Conseils municipaux pour parer au surplus. Les Assemblées communales et les Chambres de commerce nous donnent là un exemple que la Chambre, j'en suis bien certain, s'empressera de suivre. On vous l'a dit, cette subvention est indispensable. Je causais, il n'y a pas longtemps, avec un de nos directeurs, le directeur de l'Office du Travail, qui me disait que nous étions, au point de vue de l'enseignement professionnel, vis-à-vis des autres nations d'Europe, dans un état d'infériorité véritablement inquiétant et qui d'ici quelque temps deviendra dangereux.

C'est là une question nationale au premier chef, il faut absolument que nous formions des commerçants distingués qui puissent porter fièrement à l'étranger le drapeau commercial de la France. On parle constamment de patriotisme; nous ne pouvons, Messieurs, faire plus hautement acte de patriotisme qu'en favorisant l'expansion économique du pays. (*Applaudissements.*)

M. le Secrétaire général du Ministère des Finances, *commissaire du Gouvernement.* — Je demande à la Chambre la permission non pas de rabaisser le débat, mais de m'abstraire un peu des considérations très élevées que vient de développer M. Modeste Leroy.

En somme, qu'est-il arrivé? C'est que l'application de la nouvelle loi militaire a diminué le nombre des élèves des écoles supérieures de commerce. Espère-t-on, par une augmentation de 50.000 francs ou de 100.000 francs, ramener ces élèves? (*Applaudissements.*)

M. Modeste Leroy. — Je demande la parole.

M. le Commissaire du Gouvernement. — Je crois que la réponse n'est pas douteuse. Il est incontestable que ce qui attirait un grand nombre de jeunes gens dans les écoles supérieures de commerce, c'étaient les avantages que leur donnait la loi militaire. Ce n'est pas par le vote d'une subvention nouvelle de 50.000 ou de 100.000 francs que vous y ferez revenir ces élèves. Qu'on ne vienne pas nous parler ici de l'intérêt de l'enseignement commercial! (*Applaudissements.*)

Je rappelle en outre à M. Modeste Leroy et aux auteurs de l'amendement que la Chambre leur a accordé l'an dernier 50.000 francs. C'était là une indication aux Chambres de commerce d'avoir elles-mêmes à porter remède à la situation qu'on vous indiquait; elles seules le peuvent.

Quant aux réformes dont nous parlait tout à

l'heure M. Cazeneuve, elles ne sont pas encore étudiées et on nous demande de l'argent pour les appliquer ! C'est mettre la charrue avant les bœufs. Indiquez-nous d'abord les réformes à faire et nous verrons ensuite à vous donner de l'argent. (*Applaudissements.*)

M. Modeste Leroy avait demandé la parole pour faire à M. le Commissaire du Gouvernement la réponse suivante :

Précisément, cette année, de la vieille et aujourd'hui défunte École supérieure de commerce de Paris, un homme d'initiative a fait l'École supérieure pratique de commerce et d'industrie, type inédit parmi nos écoles techniques, où, en deux cycles, se trouvent réunies, dans les grandes lignes, du moins, toutes les études qu'actuellement on fait dans nos écoles pratiques et dans nos écoles supérieures. Le premier cycle comprend trois années d'études commerciales pratiques pour les élèves qui sont obligés d'entrer de bonne heure dans les affaires ; le second cycle, deux années d'études commerciales supérieures et essentiellement pratiques pour les élèves ayant fait des études sérieuses dans les lycées et collèges, élèves qui viennent se joindre à ceux qui ont reçu à l'École l'enseignement du premier cycle.

Il y a là, Messieurs, une idée qui peut avoir de l'avenir. C'est ce qu'on pourrait appeler le Lycée commercial, vraiment commercial. C'est, en tout cas, une expérience des plus intéressantes, à laquelle la subvention que vous avez accordée l'an dernier a pu n'être pas tout à fait étrangère. Croyez que, si la subvention que nous vous demandons cette année pouvait servir si peu que ce soit à inciter et encourager d'autres tentatives de ce genre, vous auriez rendu, en nous l'accordant, un signalé service à ce qui doit être l'éducation nouvelle, à l'éducation pratique, c'est-à-dire à l'éducation qui sera pratiquement utile à la fois à l'individu, à la nation, et aussi, Messieurs, à la société.

LA QUESTION DES ÉCOLES PRIMAIRES SUPÉRIEURES

(13 FÉVRIER 1906)

Au cours de la discussion du budget de l'Instruction publique pour 1906, M. Thierry-Cazes, intervenant à propos du chapitre 94 (Enseignement primaire supérieur), déclara que le rapporteur, M. Massé, avait eu le tort de ne pas insister sur le conflit du Ministère de l'Instruction publique et du Ministère du Commerce relatif à la direction de l'Enseignement technique.

M. Modeste Leroy lui fit cette réponse :

M. Modeste Leroy. — Je regrette, Messieurs, d'être obligé, par mon intervention, si courte soit-elle, de prolonger la séance, mais notre collègue, M. Thierry-Cazes, après avoir loué le rapport de M. Massé avec une éloquence qui n'a d'égale que la valeur du rapport lui-même, a, aussitôt après, adressé au rapporteur une critique que je dois relever. Il lui a reproché — et je cite ses paroles textuelles — de n'avoir pas assez insisté sur le conflit qui existe depuis quelques années — qui existera malheureusement plus encore dans l'avenir — entre le Ministère du Commerce d'une part et le Ministère de l'Instruction publique d'autre part, relativement à l'éducation professionnelle.

Que M. Thierry-Cazes me permette de le lui dire, il a eu tort de faire ce reproche à M. Massé.

M. Couyba. — C'est ce que j'ai dit tout à l'heure.

M. Modeste Leroy. — Le rapport de M. Massé parle au contraire très sérieusement et très longuement du conflit.

M. Thierry-Cazes. — Le rapport de l'année dernière ?

M. Modeste Leroy. — Je vous demande pardon, mon cher collègue ! La question est aussi traitée dans le rapport de cette année, et M. Massé a eu raison de ne pas la laisser dans l'ombre. Ce conflit, en effet, Messieurs, aigu déjà, ira encore s'aggravant, et cela précisément à cause des écoles primaires supérieures. Après la réforme de l'enseignement secondaire, réalisée en 1902, suivant les desiderata exprimés par la Chambre, à la suite de débats qui marqueront dans les annales parlementaires, les écoles primaires supérieures ne répondent plus à la raison pour laquelle elles avaient été créées.

L'enseignement secondaire, vous ne l'ignorez pas, a été divisé en deux cycles ; or, la section B du premier de ces deux cycles contient un enseignement général qui est, à bien peu de choses près, le même que celui donné dans les écoles primaires supérieures. Aussi, nombreux sont les hommes de compétence reconnue en matière d'instruction qui pensent que les écoles primaires supérieures, telles qu'elles sont organisées actuellement, font maintenant et feront de plus en plus, si l'on n'y avise, double emploi avec la section B du premier cycle de l'enseignement des lycées ou collèges.

M. Maurice Allard. — Tant mieux ! c'est le commencement, l'embryon de l'instruction intégrale.

M. Modeste Leroy. — M. Massé avait donc raison, à propos des écoles primaires supérieures, d'insister sur le conflit qui existe et qui, je le répète à dessein, ne peut que s'aggraver entre le Ministère du Commerce et le Ministère de l'Instruction publique au sujet de l'enseignement professionnel. Mais M. Massé s'est rendu compte que cette question est beaucoup trop importante et beaucoup trop grosse de conséquences pour être traitée dans le budget, de façon incidente, surtout en fin de législature; elle devra être reprise en son entier, par son commencement, pour une grande discussion d'ensemble.

J'entendais M. le Ministre de l'Instruction publique dire, tout à l'heure, dans une interruption : comment peut-on traiter aussi légèrement...

M. le Ministre de l'Instruction publique. — Je n'ai pas dit cela, j'ai dit : aussi rapidement.

M. Modeste Leroy. — Soit ! d'une façon aussi rapide une question aussi grave ? M. le Ministre avait raison dans son interruption, comme avait raison M. Massé dans son rapport, et comme je crois n'avoir pas tort dans la demande que j'adresse à la Chambre de remettre à plus tard.

Cette question, la Chambre qui nous suivra la discutera; que dis-je ! elle ne pourra pas ne pas la discuter, car c'est là une de ces questions qui s'imposent par la force des choses.

Le problème qui a été posé déjà, en dehors de cette enceinte, est celui-ci : « Que doivent devenir les écoles primaires supérieures ? Doivent-elles disparaître ? Ne doivent-elles pas plutôt être transformées ? Comment et dans quel sens doivent-elles l'être et par qui doivent-elles être dirigées et administrées ? (*Très bien! très bien!*)

M. le marquis de Lespinay. — La question est, en effet, des plus importantes et des plus intéressantes pour les communes. Nous espérons qu'elle sera, enfin, tranchée l'année prochaine.

M. Modeste Leroy. — Voilà le problème, mes chers collègues ; il est vaste, vous le reconnaîtrez, et, par conséquent, ce n'est plus nous qui avons le temps ou, à cette heure suprême de notre existence, permettez-moi cette expression, la liberté d'esprit nécessaire pour le résoudre ou même pour le discuter. Vous le comprenez tous, j'en suis convaincu.

Aussi avait-il été convenu, tout au moins tacitement, entre M. le Rapporteur et les défenseurs de l'enseignement technique du Ministère du Commerce, que cette question ne serait pas abordée à l'occasion de la discussion du budget. J'ai donc été surpris de voir traiter le sujet d'une façon tout au moins indirecte par deux amendements, identiques d'ailleurs, procédant de la même pensée, je n'ose dire de la même source, et présentant la même rédaction, je veux dire les amendements de M. Couyba et de M. Jules Legrand, il y a là une façon détournée d'entamer cette question...

M. Plissonnier. — De l'amorcer !

M. Modeste Leroy. — Parfaitement, de l'amorcer. Eh bien! je demande à la Chambre, conformément à la méthode si sage recommandée par M. le Rapporteur pour la solution du problème, conformément à la réserve si justifiée qu'il a faite dans son rapport et aussi à la tribune, d'ajourner cette grosse discussion qui soulève toute la question de l'enseignement professionnel et, par voie de conséquence, toute la question de l'apprentissage, si capitale pour notre travail national. (*Très bien! très bien!*)

II

L'ÉCOLE NOUVELLE

L'ENSEIGNEMENT PRIMAIRE PRIVÉ

OBLIGATION DU CERTIFICAT D'APTITUDE PÉDAGOGIQUE

(23 JUIN 1903)

La Chambre ayant à discuter diverses propositions de loi tendant à compléter l'article 14 de la loi du 1er juillet 1901 (Contrat d'Association), la Commission des Associations et Congrégations les avait résumées dans l'article unique suivant :

ARTICLE UNIQUE. — Il est ajouté, etc., un paragraphe ainsi conçu :

« ..... Sera, pendant un délai de trois ans à partir de la fermeture d'un établissement congréganiste et sauf la preuve contraire, réputé établissement congréganiste tombant sous le coup des paragraphes précédents, tout établissement, de quelque nature qu'il soit, situé dans la même commune ou dans une commune limitrophe et dans lequel les fonctions de direction ou d'enseignement seraient exercées par un ou plusieurs membres de l'établissement fermé. »

M. Modeste Leroy déposa et défendit à la tribune un contre-projet, dont voici le texte :

« A partir de la promulgation de la présente loi, nul ne sera admis à enseigner dans les écoles primaires et primaires supérieures privées, s'il n'est pourvu du certificat d'aptitude pédagogique.

« Dans le délai d'un an à partir de la même date, les directeurs et directrices desdites écoles devront justifier qu'ils sont pourvus du certificat d'aptitude pédagogique, à peine de fermeture des écoles dirigées par eux. »

Voici le compte rendu de la discussion de ce contre-projet :

M. Modeste Leroy. — Messieurs, je tiens à bien définir dans quel état d'esprit je me présente à la tribune : j'ai voté la loi des associations du 1er juillet 1901 ; j'ai voté la loi complémentaire du 5 décembre 1902, c'est dire que je ne suis pas parmi les adversaires de la politique inaugurée par M. Waldeck-Rousseau et continuée par M. Combes.

M. Georges Berthoulat. — Les deux politiques ne sont pas semblables ; M. Waldeck-Rousseau l'a déclaré au Sénat.

M. Modeste Leroy. — Avec la majorité, je veux aboutir, enfin, dans cette question des congrégations et de l'enseignement, et c'est précisément parce que je veux aboutir au plus vite, par suite au mieux de l'intérêt du pays comme aussi, Messieurs, de l'intérêt du parti républicain, que, d'accord avec quelques amis, j'ai déposé mon contre-projet.

Je me hâte d'ajouter que l'adoption, par la Commission, de l'amendement de M. Buisson change la situation et l'améliore quelque peu...

M. Julien Goujon (Seine-Inférieure). — Pas du tout !

M. Modeste Leroy. — ... Pas au point cependant de dissiper toutes nos craintes. Dans bien des cas, en effet, ainsi que le démontraient hier, fort éloquemment, et M. Hubbard et M. Lhopiteau, le texte de la Commission, même ainsi amendé, sera vain, ou demeurera, comme l'a dit M. Charles Bos, tout à fait inopérant.

Je crains, en outre, qu'il conserve sinon le caractère, tout au moins l'apparence d'une loi portant atteinte au principe de la liberté individuelle, peut-être même d'une loi d'exception.

Aussi, guidé d'un côté par le désir de prendre des mesures efficaces contre les supercheries congréganistes qu'à juste titre le Gouvernement cherche à écarter, convaincu, d'un autre côté, que le parti républicain ne peut, ne doit dans aucun cas, même simplement en apparence, faire de concession aux principes qui sont, ne l'oubliez pas, mes chers collègues de gauche, sa raison d'être, qui ont été sa force, et qui seront son honneur, je maintiens mon contre-projet. (*Très bien! très bien! à gauche.*)

Ce contre-projet a, en effet, le mérite, du moins je le crois, de permettre, beaucoup plus efficacement que le texte de la Commission, d'atteindre le but cherché; de plus, et d'une façon absolument certaine, il ne blesse aucun de nos principes en établissant ainsi l'égalité de grade entre les instituteurs, — c'est-à-dire les maîtres titularisés, — de l'enseignement public et les instituteurs de l'enseignement privé.

Je demande donc au Gouvernement de l'adopter et à la Chambre de le voter. (*Applaudissements sur les mêmes bancs.*)

M. le Président. — La parole est à M. le Rapporteur.

M. le Rapporteur. — Messieurs, les membres de la Commission des associations et des congrégations ne sont pas personnellement hostiles au principe de l'amendement déposé par l'honorable M. Modeste Leroy, mais ils estiment que cette question ne rentre pas dans la compétence de la Commission des associations et des congrégations. Nous ne pouvons pas oublier en effet qu'il existe une Commission de l'enseignement qui est déjà saisie de propositions analogues à celle de l'honorable M. Modeste Leroy, propositions qui ont été déposées par M. Chaumet, par M. Rajon et par moi-même.

Dans ces conditions, au nom de la Commission, j'ai l'honneur de prier la Chambre de vouloir bien prononcer le renvoi de la proposition de M. Modeste Leroy à la Commission de l'enseignement. (*Applaudissements à l'extrême gauche et à gauche.*)

M. Tournade. — Et votre loi, aussi, alors!

M. Henri Brisson. — Je demande la parole.

M. le Président. — La parole est à M. Henri Brisson.

M. Henri Brisson. — Si la Chambre veut bien me permettre de lui donner un renseignement, je dirai simplement que, dans sa dernière réunion, la Commission de l'enseignement, que j'ai l'honneur de présider, a été saisie de cette question de l'exigence du certificat d'aptitude pédagogique. Elle l'a discutée, mais elle n'a pas achevé de la traiter et elle l'a mise à l'ordre du jour de sa prochaine réunion. Elle espère donc pouvoir faire à la Chambre un rapport très prochainement. (*Très bien! très bien! à gauche.*)

M. le Président. — La parole est à M. Chaumet.

M. Chaumet. — Je demande à la Chambre de ne pas prononcer le renvoi à la Commission de l'enseignement. (*Interruptions à gauche.*)

La question n'est pas aussi nouvelle qu'on paraît le croire. Il y a plus de trois mois qu'avec plusieurs de nos collègues appartenant à tous les groupes de la majorité, j'ai déposé une proposition de loi tendant à exiger le certificat d'aptitude pédagogique de tous ceux et de toutes celles qui voudraient ouvrir une école privée.

En formulant cette exigence, nous nous conformons simplement au principe essentiel de la loi de 1886, qui a voulu établir l'égalité de grade entre les instituteurs de l'enseignement public et ceux de l'enseignement privé.

En 1886, on a, en effet, supprimé toutes les équivalences; on a demandé que les instituteurs, tant privés que publics, fussent pourvus du brevet de capacité. Depuis lors, nous avons trouvé que cette garantie n'était pas suffisante en ce qui concerne les maîtres de l'enseignement public, et nous avons exigé de tous les titulaires le certificat d'aptitude pédagogique. Pourquoi ne le demanderions-nous pas également aux directeurs et aux directrices des écoles privées?

La production de ce certificat est une arme autrement efficace que celle que nous propose la Commission des congrégations; elle permet au Gouvernement d'exercer un contrôle sérieux sur l'enseignement, contrôle qu'il a le droit d'exercer et que nous revendiquons pour lui, avec lui.

Nous n'avons jamais songé, en effet, à laisser aux instituteurs, même privés, une liberté illimitée ; nous croyons que les pouvoirs publics peuvent et doivent exercer un contrôle nécessaire, mais il faut l'exercer, à l'égard de tous, conformément aux principes de la législation scolaire en vigueur et conformément aussi, j'ose le dire, aux principes républicains.

C'est pourquoi je demande à la Chambre de voter non pour le renvoi de l'amendement à la Commission de l'enseignement, mais de se prononcer, d'ores et déjà, quant au fond, sur une mesure qu'il n'est pas possible à la majorité républicaine de rejeter. (*Applaudissements à gauche.*)

M. le Président. — La Commission demande le renvoi du contre-projet à la Commission de l'enseignement.

A droite. — Quel est l'avis du Gouvernement ?

M. le Président. — Je consulte la Chambre.

Le scrutin est ouvert.

(Les votes sont recueillis. — MM. les Secrétaires en opèrent le dépouillement.)

M. le Président. — MM. les Secrétaires me font connaître qu'il y a lieu de faire le pointage des votes.

Il va y être procédé.

La séance est suspendue pendant cette opération.

(La séance, suspendue à cinq heures vingt minutes, est reprise à cinq heures quarante-cinq.)

M. le Président. — Voici le résultat du scrutin, après vérification :

Nombre des votants.................. 543
Majorité absolue.................... 272
Pour l'adoption.............. 270
Contre...................... 273

La Chambre des députés n'a pas adopté. (*Applaudissements à gauche.*)

En conséquence, nous abordons le fond.

. . . .

M. le Président. — La parole est à M. Modeste Leroy.

M. Modeste Leroy. — Messieurs, je vous demande la permission de dire ou plutôt de compléter, de façon très brève, l'exposé des raisons qui ont inspiré le contre-projet que la Chambre vient d'adopter (*Non! non! à gauche*) ou tout au moins que la Chambre vient de refuser de renvoyer à la Commission de l'enseignement. Ces mobiles sont, vous n'en doutez pas, très sincères, et ne cachent absolument, je prie chacun de mes collègues de le croire, aucune arrière-pensée, car je n'imagine pas — et aucun de vous, je le suppose, n'imagine — que l'esprit de discipline va jusqu'à l'abdication de la liberté de penser. (*Applaudissements sur divers bancs.*)

En déposant ce contre-projet, j'ai obéi simplement à un principe qui, je le vois, a touché la Chambre, au principe de la liberté. (*Interruptions à droite.*)

Je m'étonne que ce soit de ce côté seulement (*la droite*) que l'on proteste contre ces paroles, alors que c'est toujours du côté de la droite que nous entendons si bruyamment revendiquer la liberté. (*Mouvements divers.*)

A droite. — Ne faites pas de diversion !

M. Fernand de Ramel. — On ne vous a rien dit; vous vous interrompez vous-même !

M. Modeste Leroy. — La liberté, en effet, je le déclare, en toute franchise, à mes amis républicains, il la faut vouloir non seulement pour soi ou pour son parti, mais aussi, et même plus encore, pour ses adversaires. D'autre part, en déposant mon contre-projet, j'ai obéi aussi à un autre grand principe, au second grand principe de la devise républicaine, au principe de l'égalité. (*Très bien! très bien! au centre.*) C'est bien le moins, j'imagine, que l'Etat exige des instituteurs congréganistes autant de garanties que des instituteurs publics. (*Applaudissements au centre et sur divers bancs à gauche.*)

Enfin, ce faisant, j'ai cru entrer tout à fait dans l'esprit républicain. Je suis, en effet, Messieurs, un de ces républicains qui n'ont pas peur de l'esprit républicain — même quand ils sont au pouvoir. (*Ah! ah! au centre. — Mouvements divers.*)

J'ai voulu continuer l'œuvre que depuis si longtemps nous poursuivons : l'abolition de la loi Falloux. N'oubliez pas, Messieurs, que le contre-projet que vous venez de prendre en considération est un pas de plus fait vers cette solution; c'est une étape de plus vers le contrôle et la surveillance, effective celle-là, de l'Etat sur l'enseignement des écoles congréganistes.

A droite. — Il a toujours existé.

M. Modeste Leroy. — Enfin, je disais tout à l'heure que je n'avais eu aucune arrière-pensée en présentant à la Chambre mon contre-projet; permettez-moi d'ajouter maintenant, que, au contraire, j'ai cru ne pas être désagréable au Gouvernement, puisque, par cette proposition, je ne fais qu'appliquer à l'enseignement primaire le projet que M. le Ministre de l'Instruction publique, M. Chaumié, a déposé, pour l'enseignement secondaire, au nom du Gouvernement de M. Combes. (*Applaudissements au centre et sur divers bancs à gauche.*)

M. Chaumié, *ministre de l'Instruction publique et des Beaux-Arts.* — Je demande la parole.

M. le Président. — La parole est à M. le Ministre de l'Instruction publique et des Beaux-Arts.

(*En se dirigeant vers la tribune, M. le Ministre de l'Instruction publique s'entretient un instant avec M. Georges Trouillot, Ministre du Commerce et de l'Industrie.*) (*Exclamations à droite.*)

M. Chaumié, *Ministre de l'Instruction publique et des Beaux-Arts.* — Je prie la Chambre de vouloir bien tout d'abord faire l'économie de son étonnement : ma demande d'explication, à la fois à M. Modeste Leroy et à mon collègue M. Trouillot, était bien simple; retenu par diverses affaires dans mon cabinet, je n'avais pas connu la modification apportée par M. Leroy à son premier texte, et il est naturel qu'avant de m'expliquer j'aie tenu à me renseigner d'une façon complète. (*Très bien! très bien!*)

M. J. Thierry. — Nous ne le connaissons pas non plus.

M. le Ministre de l'Instruction publique et des

Beaux-Arts. — Cela dit; je n'ai, en ce qui concerne le contre-projet de M. Modeste Leroy, que quelques observations à présenter.

Tout d'abord, je suis le premier à reconnaître qu'il n'y a eu dans la pensée de M. Modeste Leroy rien que d'absolument sincère. M. Modeste Leroy s'est préoccupé de réglementer d'une façon plus efficace et plus utile les conditions exigées des instituteurs primaires privés. Je me demande seulement si un contre-projet est bien à sa place dans la discussion engagée devant vous et, en second lieu, s'il est possible d'accepter dans sa teneur le texte qui vous est présenté.

Qu'est-ce que ce contre-projet ? C'est évidemment, par définition, quelque chose qui doit être substitué au projet en discussion; et quel est le projet en discussion ? Un article annexe à un article de la loi de 1901 qui est, si je ne me trompe, une loi sur les associations contenant un titre spécial sur les congrégations.

Or, je lis d'abord dans le texte du contre-projet de M. Modeste Leroy :

« A partir de la promulgation de la présente loi, nul ne sera admis à enseigner... » Nul, c'est-à-dire les instituteurs privés laïques, qui ont toujours été laïques, aussi bien que ceux qui, ayant été congréganistes, se trouvent l'objet même des préoccupations actuelles de la Chambre.

M. Carnaud. — Très bien !

M. le Ministre. — J'estime que ce contre-projet qui, en soi, mérite certainement d'être examiné, ne doit pas l'être aujourd'hui.

Si M. Modeste Leroy, préoccupé, comme l'est du reste le Gouvernement, comme je l'ai été moi-même dans le dépôt de mon projet de loi au Sénat sur l'enseignement secondaire, de faire disparaître ce qui peut rester de la loi Falloux, veut ajouter une modification à notre législation scolaire, c'est la loi de 1886, et non point la loi de 1901, qu'il doit compléter ou modifier.

M. Anthime Ménard. — Nous venons de trancher la question en sens contraire par notre vote.

M. le Président. — La Chambre a simplement décidé qu'elle discuterait.

M. le Ministre. — Permettez-moi de dire que, si la Chambre avait tranché la question, je ne serais pas ici pour la discuter.

La Chambre a décidé qu'elle ne renverrait pas la proposition à la Commission, c'est-à-dire qu'elle examinerait le fond. Examiner le fond a toujours voulu dire, si je ne me trompe, qu'on pouvait soit repousser la loi, soit l'accepter ou l'amender. (*Très bien! très bien! à gauche.*)

C'est donc le fond du débat que j'aborde. Après avoir indiqué — ce qui me paraît bien certain et bien clair — que ce contre-projet n'est pas à sa place, dans la discussion actuellement ouverte, en raison même de sa généralité, qu'il s'applique à l'enseignement dans son ensemble et nullement à cette situation spéciale d'un instituteur qui a été congréganiste, j'examine le projet en lui-même et je constate que le texte n'en peut pas être accepté.

On veut demander aux instituteurs privés le certificat d'aptitude pédagogique; M. Modeste Leroy veut bien ne pas maintenir l'exigence du brevet supérieur ou du diplôme de bachelier.

Le texte dit :

A partir de la promulgation de la présente loi, nul ne sera admis à enseigner dans les écoles primaires et primaires supérieures privées, s'il n'est pourvu du certificat d'aptitude pédagogique.

Dans le délai — on avait écrit de deux ans, on écrit maintenant d'un an — à partir de la même date, les directeurs et directrices desdites écoles devront justifier qu'ils sont pourvus du certificat d'aptitude pédagogique, à peine de fermeture des écoles dirigées par eux.

Je suppose que la Chambre vote ce texte. Que va-t-il en résulter? On va exiger immédiatement, puisqu'il n'y a pas de délai, le certificat d'aptitude pédagogique, de tous les maîtres de l'enseignement élémentaire, alors qu'on ne l'exigera que dans un an des directeurs et directrices, c'est-à-dire de ceux pour lesquels il est le plus utile. (*Très bien! très bien! à gauche.*)

Il y a déjà là une antinomie choquante, qui suffirait à rendre le texte inacceptable. J'ajoute qu'on n'a peut-être pas réfléchi à une autre conséquence de cette obligation. Demander aux instituteurs privés, aux maîtres libres, les mêmes grades ou les mêmes garanties qu'on exige des instituteurs publics, d'accord; mais demander plus et mettre pour ainsi dire notre enseignement public en état d'infériorité, j'imagine que c'est là une exigence excessive à laquelle, pour ma part, je m'opposerai.

Or, n'est-ce pas la véritable situation, Messieurs?

Nous n'exigeons pas le certificat d'aptitude pédagogique de tous nos instituteurs primaires ; nous ne l'exigeons que des maîtres titularisés, et, dans bien des écoles, ce sont des stagiaires qui font fonction d'instituteurs. Aux termes d'un article que vous avez voté dans la loi de finances, ces stagiaires sont titularisés au 1er janvier de l'année qui suit l'obtention du certificat d'aptitude pédagogique. J'espère que, grâce à cette loi nouvelle, les stagiaires resteront moins longtemps dans cette situation inférieure ; mais actuellement encore nous avons des stagiaires qui ont cinq, six, sept, huit et même dix ans de stage, qui ont enseigné et qui enseignent dans des écoles sans avoir le certificat d'aptitude pédagogique.

En telle sorte que nous exigerions immédiatement de tous les instituteurs privés, qu'ils aient été congréganistes, ou qu'ils soient et aient toujours été laïques, un certificat d'aptitude pédagogique que nous n'exigeons pas de nos maîtres eux-mêmes.

Mais il y a mieux. Le brevet supérieur, le brevet simple sont des grades, et le certificat d'aptitude pédagogique n'est que la constatation de ce fait que le maître a vraiment acquis les qualités nécessaires pour enseigner. C'est, toute proportion gardée, un diplôme comparable à celui de l'agrégation dans l'enseignement supérieur. Or, l'agrégation n'est pas un grade ; c'est le résultat d'un concours qui relève uniquement de l'Université. Même après être sortis de l'enseignement public, les agrégés conservent leur souvenir d'un concours dans lequel ils ont été victorieux. Mais, en fait, juridiquement, on aurait le droit de le leur retirer, parce que agrégé de l'Université veut dire attaché à l'Université, et, quand on est sorti de l'Université, on n'a plus rigoureusement le droit de porter ce titre. (*Mouvements divers.*)

M. Jules Galot. — C'est très exact.

M. le Ministre. — Je continue et je suppose que le texte soit voté. Que va-t-il arriver? Ceux que l'on vise ne pourront obtenir le certificat d'aptitude pédagogique. Il faudrait pour cela changer les règles qui déterminent les conditions de l'examen.

Je comprends très bien que vous disiez : pour être instituteur, pour donner l'enseignement aux enfants, il faut justifier d'autre chose que d'un grade, parce que le grade prouve seulement le savoir et qu'il est nécessaire qu'un maître, indépendamment du savoir, ait une aptitude pédagogique, c'est-à-dire possède l'art d'élever les enfants.

Je comprends très bien que vous mettiez à l'étude, comme je l'ai fait moi-même, un projet qui exige des maîtres ces qualités pédagogiques. Mais, à l'heure actuelle, comment obtient-on le certificat d'aptitude pédagogique? L'une des épreuves consiste dans une inspection du maître dans sa classe — il est stagiaire, il a une classe; — on examine comment il dirige sa classe, de quelle manière il interroge les enfants et choisit leurs devoirs. Il faut donc — M. Buisson, dont la compétence en la matière est bien connue, ne me démentira pas — il faut, pour passer le certificat d'aptitude pédagogique, avoir déjà une classe. Vous ne pourrez accorder sérieusement le certificat pédagogique qu'après un stage parce que, pour être un pédagogue, il ne suffit pas d'avoir ouvert un livre, il faut avoir été en contact avec les enfants. (*Applaudissements.*)

A l'heure actuelle, si vous votiez le contre-projet de M. Modeste Leroy, aux excellentes intentions duquel je rends hommage, vous demanderiez, je ne puis pas dire un grade, puisque ce n'est pas un grade, mais une qualité, un titre, et vous mettriez en même temps tous ceux qui postuleraient pour l'obtenir dans l'impossibilité absolue de l'avoir, parce qu'ils ne se trouveraient pas dans les conditions exigées pour son obtention.

Je crois donc qu'il y a lieu d'écarter cette proposition.

Si M. Modeste Leroy, préoccupé du but qu'il poursuit, veut en effet apporter à notre régime scolaire cette modification, cette réforme, ce progrès, je ne demande pas mieux que de l'étudier avec lui, mais le moment n'est pas propice. (*Applaudissements à gauche.*)

M. le Président. — La parole est à M. Modeste Leroy.

M. Modeste Leroy. — De toutes les explications que vient de donner M. le Ministre de l'Instruction publique, il résulte qu'il a démontré l'utilité, que dis-je? la nécessité de mon contre-projet. Cela, vous le reconnaîtrez plus tard, si vous ne voulez pas le reconnaître aujourd'hui. Il ressort aussi de ces explications que je suis plus sévère pour les instituteurs congréganistes que M. le Ministre de l'Instruction publique. (*Interruptions à l'extrême-gauche.*)

M. Gérault-Richard. — Mais pas du tout !

M. Carnaud. — Vous expropriez des laïques !

M. Modeste Leroy. — Je suis très étonné de causer quelque surprise de ce côté de l'assemblée (*l'extrême gauche*), en disant que je suis plus sévère pour les instituteurs congréganistes que M. le Ministre ne l'a été dans ses paroles, puisqu'il a été applaudi surtout par la droite. (*Réclamations à gauche.*)

M. Gayraud. — Pas du tout.

M. Massabuau. — Nous l'avons applaudi parce qu'il parlait clairement et nettement.

M. Modeste Leroy. — En tous cas, s'il existe ou s'il peut exister, ce que je ne croyais pas, quelque malentendu sur le texte, quelque impropriété de terme, je demande à la Chambre, puisqu'il s'agit, on vient bien de le voir, d'après les explications de M. Combes... (*Interruptions et rires ironiques à l'extrême gauche.*)

A l'extrême gauche. — Vous voulez dire M. Chaumié.

M. Modeste Leroy. — M. Combes et M. Chaumié sont si bien confondus qu'ils ne font qu'un. (*Rires.*) Ils sont la symbolisation du Bloc. (*Applaudissements à droite.*) Puisque, dis-je, d'après les paroles mêmes de M. Chaumié, il s'agit surtout et presque exclusivement des instituteurs congréganistes, je veux bien accepter le renvoi, pour l'examen de la rédaction, mais, le renvoi à la Commission actuelle des associations et des congrégations. (*Très bien! très bien! sur divers bancs. — Dénégations à l'extrême gauche.*)

M. le Président. — M. Modeste Leroy demande le renvoi de son contre-projet à la Commission des associations et des congrégations.

Je consulte la Chambre.

(La Chambre consultée ordonne le renvoi.)

(*Journal officiel*, numéro du 24 juin 1903 : *Débats parlementaires, Chambre des députés*, p. 2084 et suiv.)

LES DEUX JEUNESSES

(20 JUIN 1903)

Le samedi 20 juin 1903, M. Modeste Leroy présidait, à Paris, le banquet annuel de la Société républicaine de l'Eure, dont il était Président d'honneur. Il prononça, au cours de ce banquet, un important discours, dont nous extrayons les passages suivants :

... L'œuvre que vous avez à accomplir dans le département de l'Eure, Messieurs, est, avant tout, une œuvre de propagande et d'éducation. Les vieux s'en vont, les jeunes n'arrivent pas. Il faut donc faire, parmi les générations nouvelles, des républicains qui n'aient pas peur de l'esprit républicain, des citoyens qui sachent que jamais évolution n'a été synonyme de révolution, et que c'est seulement par des évolutions successives, plus ou moins promptes, qu'une démocratie peut et par conséquent doit améliorer le sort de chacun de ses membres dans l'intérêt de tous. C'est le progrès social dans la légalité, celui qu'Auguste Comte définissait « le développement de l'ordre ». Ce progrès-là, qui marche au but sans brûler l'étape, nos compatriotes normands le comprendront, n'en doutez pas, lorsque vous le leur expliquerez avec la conviction qui vous anime.

Ainsi se dissiperont ces terreurs, ainsi disparaîtra cette peur irraisonnée d'un cataclysme social par lesquelles de prétendus conservateurs, qui ne sont, eux, et n'aspirent qu'à être des révolutionnaires, cherchent à effrayer le pays pour le détourner de la République.

Les populations de l'Eure ne reconnaîtront pas moins volontiers qu'un Gouvernement républicain se doit à lui-même et doit au pays de réaliser enfin ce que l'on a si justement appelé l'unité morale de la France. Pour atteindre ce résultat, M. Waldeck-Rousseau, dont je suis heureux de saluer ici la grande figure, fit voter par le Parlement la loi des Associations du 1er juillet 1901, grâce à laquelle on ne verra plus des congrégations non autorisées donner l'enseignement, et l'enseignement que vous savez! Certes, nous ne demandons pas que la jeunesse de France soit modelée toute sur un même patron, nous ne souhaitons pas qu'elle ait une mentalité unique. Ce qu'il faut, au contraire, c'est provoquer la diversité des éducations, afin d'engendrer, par la variété même de la pensée, plus de lumière dans les esprits, et, par suite, plus d'indépendance dans les intelligences. Mais, ce qu'il ne faut pas, Messieurs, c'est continuer à faire de la jeunesse deux camps, l'un élevé dans les principes de la Révolution française, l'autre élevé dans la haine de ces mêmes principes, c'est-à-dire dans la haine de notre société; ce qu'il ne faut pas, c'est préparer deux jeunesses, comme le disait naguère M. Waldeck-Rousseau, prêtes à s'entre-déchirer, attendant l'heure propice pour se ruer l'une contre l'autre.

Qui donc osera contester que le danger pour

l'avenir de notre pays soit là, rien que là? Et est-ce d'aujourd'hui seulement qu'il est signalé, ce péril, et ne fut-il dénoncé que par des avancés? En 1863, un grand citoyen, qui fut presque un de nos compatriotes de l'Eure, et qui n'a jamais passé pour un sectaire, celui-là, le président Bonjean, disait : « Je « me crois très libéral; mais je fais une exception « pour l'enseignement... Pour quiconque sait voir, « le partage de notre jeunesse en deux courants est « déjà suffisamment accusé; que sera-ce avec cette « nouvelle liberté que l'on réclame? (il s'agissait « alors de la liberté de l'enseignement supérieur) « la séparation sera faite et parfaite... Si vous per- « sistez dans votre projet, ajoutait-il, vous livrez « l'enseignement aux Jésuites, sans plus, et nous « aurons décidément deux sociétés dans la Nation. « Je me prononce donc pour le rejet. »

C'était prédire l'avenir, et l'homme qui, en 1871, devait être un martyr, se montrait, en 1863, un prophète. Inspiré par la sincérité d'un libéralisme clairvoyant, il devançait Gambetta dans son cri : « Le cléricalisme, voilà l'ennemi! » et Jules Ferry dans son article 7. Aujourd'hui, Messieurs, pour des raisons que vous ne rechercherez pas si vous n'aimez pas à perdre vos illusions, il plaît à quelques républicains de renier cette doctrine de leurs anciens; les uns, avec l'amertume, d'ailleurs justifiée, d'une retraite forcée, écrivent que la politique inaugurée par M. Waldeck-Rousseau est une « politique de guerre civile », alors, au contraire, qu'elle a pour objectif de la prévenir; les autres, avec la foi et l'exagération des nouveaux convertis, répètent aux échos réactionnaires que cette politique est une « politique de guerre religieuse », alors, qu'au contraire, le chef du Gouvernement actuel a déclaré, non sans courage, Messieurs, qu'il ne voulait pas toucher à l'idée religieuse qui, relevant de la liberté de conscience, est, doit et devra toujours rester en dehors des partis. S'il existe, en effet, une chose que la France républicaine, qui tolère tant de choses, ne tolérera jamais, c'est l'intolérance... (*Vifs applaudissements.*)

L'ÉDUCATION RÉPUBLICAINE

(9 JUILLET 1905)

L'Union de la Jeunesse républicaine (section de l'Eure) et l'Amicale des Instituteurs et Institutrices de l'Eure avaient organisé à Evreux, le 9 juillet 1905, une fête imposante, suivie d'un banquet, qui fut présidé par M. Bienvenu-Martin, Ministre de l'Instruction publique. Au cours de ce banquet, M. Modeste Leroy prononça le discours suivant :

MESSIEURS,

Le Recteur de l'Académie de Caen, mon fidèle ami, M. Edgard Zevort, voulait bien, tout à l'heure, rappeler que, depuis vingt ans, je suis parmi ceux qui travaillent à réformer notre enseignement et qui, plus encore, essaient d'arracher le pays à ses préjugés en matière d'instruction, pour le diriger enfin vers une éducation nouvelle répondant aux nécessités de la vie actuelle et aux besoins de l'homme du XXe siècle.

Mais, aujourd'hui, en notre fête, ne travaillons-nous pas tous à l'éducation nouvelle du citoyen de la cité moderne ?

Ce n'est pas, j'en suis persuadé, le simple hasard qui a groupé à ce banquet les membres de l'*Amicale des Institutrices et Instituteurs* et ceux de l'*Union de la Jeunesse Républicaine de l'Eure.* Les organisateurs de cette fête ont certainement pensé qu'ils ne sauraient faire plus d'honneur et aussi plus de plaisir à notre distingué Ministre de l'Instruction publique qu'en lui montrant, réunies et se complétant l'une l'autre, ces deux forces vraiment fécondes, dont nous pouvons ainsi résumer les formules : Action républicaine par l'éducation de l'enfant, action républicaine par l'éducation de l'électeur.

Bien souvent on a répété, et avec raison, Messieurs, que l'école laïque était, devait être un endroit neutre où toute conviction serait respectée, où jamais il ne serait fait de politique. Mais ce que l'on peut dire aussi bien, — et il ne faut pas craindre de l'affirmer très haut, — c'est que nos instituteurs et institutrices sont, et doivent être, avant tout, des éducateurs républicains, et que, sans faire de politique à l'école, ils savent, en pétrissant l'âme de l'enfant, tâche noble autant que délicate, Messieurs, l'imprégner des grands principes républicains, lui inculquer l'amour de la liberté, de la justice et de la fraternité. Ce sont eux qui nous préparent une jeunesse républicaine.

Cette jeunesse, une fois jetée dans la vie active, veut, à son tour, faire profiter les autres des enseignements qu'elle a reçus. Elle voit qu'il y a autour d'elle des ignorants, des aveugles auxquels il est de son devoir de donner la lumière; elle constate que trop nombreux encore sont les électeurs qui, ayant en main cette arme redoutable qu'est le bulletin de vote, peuvent s'en servir maladroitement ou même d'une façon criminelle, et cela, soit parce qu'on ne leur a jamais indiqué où était le bien, le vrai bien, soit parce que de mauvais éducateurs leur ont, dès l'enfance, sciemment et à dessein, faussé l'intelligence et le jugement.

Alors, nous la voyons se grouper, cette généreuse jeunesse, pour devenir l'*Union de la Jeunesse Républicaine*, nous la voyons choisir dans son sein des conférenciers chargés d'aller porter la bonne parole au fond des campagnes, jusque dans le plus caché de nos villages. De ces conférenciers je fus jadis, avec beaucoup d'autres, d'ailleurs, car les générations de cette époque, à qui la douloureuse leçon de l'année terrible venait d'enseigner ce qu'est le véritable patriotisme, avaient, enracinée au plus profond du cœur, la parole de Gambetta à ses camarades au banquet de la « Jeunesse des Ecoles » : « Il faut, disait-il, que chacun de nous se livre à un apostolat incessant du suffrage universel. C'est là une dette que nous tous nous avons contractée et que nous ne pouvons rompre sans manquer à la plus sacrée des lois humaines, la solidarité sociale. » De ces conférenciers vous avez été aussi, mon cher Lefèvre, plus récemment, mais non moins activement. Enfin, parmi ces conférenciers, nous retrouvons un grand nombre de nos maîtres laïques, agissant cette fois non plus comme instituteurs, mais comme citoyens.

C'est là, Mesdames, Messieurs, un spectacle réconfortant. Je tiens, pour ma part, à vous féliciter hautement tous et toutes de la façon élevée et désintéressée dont vous comprenez votre rôle. Vous accomplissez, soit à l'école, soit en dehors de l'école, « ce geste auguste du semeur » dont parlait Victor Hugo; et un jour viendra où vous récolterez en gerbes innombrables la moisson idéale que vous aurez semée. Il est des heures, certes, où le ciel s'assombrit, où vous semblez avoir à craindre qu'un nuage malencontreux ne vienne à détruire en tout ou en partie la moisson avant l'époque de la récolte. Mais, même au plus fort de l'orage, vous ne devez jamais désespérer; vous devez, au contraire, vous rappeler alors les paroles que prononçait naguère un bienfaiteur de l'Humanité, un sincère républicain, Pasteur : « Ne vous laissez pas décourager, disait-il, par les tristesses de certaines heures... Dites-vous d'abord : Qu'ai-je fait pour mon instruction? puis, à mesure que vous avancez : Qu'ai-je fait pour mon pays? jusqu'au moment où vous aurez peut-être contribué en quelque chose au progrès et au bien de l'humanité. Mais, que les efforts soient plus ou moins favorisés par la vie, il faut, quand on approche du grand but, être en droit de se dire : J'ai fait ce que j'ai pu. »

Mesdames, Messieurs, en levant mon verre en l'honneur de M. Bienvenu-Martin, Ministre de l'Instruction publique, une vieille connaissance à moi, qu'aujourd'hui je salue respectueusement, permettez-moi de boire :

« A l'éducation républicaine ! » (*Applaudissements prolongés.*)

TABLE DES MATIÈRES

I

L'ÉDUCATION NOUVELLE

II

L'ÉCOLE NOUVELLE

Tours. — Imprimerie Deslis frères.

www.ingramcontent.com/pod-product-compliance
Ingram Content Group UK Ltd.
Pitfield, Milton Keynes, MK11 3LW, UK
UKHW020558230726
13926UKWH00005B/2093

9 782013 628464